"看 護 部" か ら 病 院 を 変 革 す る !

# LEAN Innovation

「チェンジマネジメント」の
実現で成果を出す手法

株式会社日本経営 業務プロセス改善コンサルティング部 著

プレジデント社

# はじめに

## ――より良い病院にするために、〝看護部〟の進化を考える

看護部から病院を変革する！　そう聞いたときに、あなたはどう感じましたか？

「無理だ」と思ったかもしれません。しかし、看護部は病院全体を変え、未来を切り拓く力を秘めているのです。

少子高齢化による人材不足や働き方改革の影響で、労働力が減少する中、医療を取り巻く環境は大きく変化しています。早い変動に追いつくためには、医師だけに経営や運営を全面的に任せるのではなく、看護やコメディカルがもっと主体的な役割を果たす必要が出てくるでしょう。それは単なるタスクシフトではなく、チーム医療の実現です。

私たちはさまざまな病院への支援経験を通して、そんな看護師たちを束ねる看護部が病院運営に積極的に関与し、変革の原動力となるべき時期が来ている

ことを確信しています。今こそ、秘められていた看護部の強みを引き出し、病院の運営に活かすことで、未来に向けて飛躍する新しい病院をつくる。そんな看護部からのイノベーションが、本書のテーマです。

株式会社日本経営は、創業50年以上の歴史を有する、ヘルスケア業界における国内最大級の経営コンサルティングファームです。これまでに1700件以上の病院コンサルティング支援を通じ、次のような業務を中心に、病院経営や現場改善において、信頼されるパートナーとして業界をリードしてきました。

- 厚生労働省、都道府県および市町村の政策推進支援、調査分析
- 病院、介護施設の基本構想、経営改善、再生・M&A、人事制度構築・教育研修、業務改善・DX化推進、データ分析
- 医療関連企業の戦略策定、実行支援

その中で、本書を執筆した私たち業務プロセス改善コンサルティング部は、「変化し続ける組織」を実現するため、医療現場の業務効率化や働きやすい職

場づくりに注力し、病院の組織力向上やリーダー育成を幅広くサポートしています。

私たちリーンコンサルタントが看護のイノベーションに貢献できること、それは、ご支援や書籍などを通して、個々の病院だけでは得られないノウハウや成功事例を多くの方にお届けし、実現への伴走をすることだと考えています。

## 「医療現場の変化」と「看護師の役割の変化」

処置から投薬、手術や入院……、患者さんへのさまざまな医療行為に関しては、「医師の指示のもとに行う」という法律の枠組みが存在します。しかし、厚生労働省は看護師に認められている一部の医療行為（ここでは特定行為と呼ばれています）については、「判断力」が必要だと述べています。つまり、看護の現場において医療行為を行う際には、医師の指示待ちとなるだけではなく、自ら考え行動することが求められます。医療行為に近いところでもタスクシフトへの期待が高まり、医療において看護師が〝補助役〟ではなく、医師の〝パートナー〟の役割として認識される時代はすでに到来しているのです。

また、看護師の判断力が強化されれば、病院経営の質の改善や業績改善における役割も変化するでしょう。患者さんの状態を日々もっとも間近で観察するのは看護師です。看護師は患者さんの微妙な変化を察知し、病状が好転しているか悪化しているかを見極めることができます。看護師の収集する情報は医師の正しい指示を生み、リハビリ・検査・薬剤部など他の医療職が対応する流れをつくる。つまり、医療チーム全体を動かす原動力となるのです。こうした日常における看護師たちの判断の積み重ねは、医療の質を高めるだけでなく、病院全体の経営にも影響を及ぼします。そうなってくれば、運営におけるキーパーソンとして、もっと責任と権限が与えられるようになってくるでしょう。

看護部は病院の未来を切り拓くリーダーとして、医療と経営・運営の双方において重要な役割を果たしていく必要があるのです。

## 看護部が変革の推進力となる

医療現場の課題は増え、その難易度は一層深刻化しています。そんな中で、どうにか現場を回している看護師の業務量は増加していく一方です。だからこそ、一人ひとりが今後の医療を支え続けるリーダーだという自覚を持ち、業務の中で生じてしまった「隙間業務」の改善など、看護師自らが労働環境の向上に取り組んでいくことが求められているのだと思います。

看護部が積極的に経営に関与し、変革を推進するための第一歩は、現場の問題を的確に捉え、それを改善するための「実行力」を持つことです。そのためには、まず自分たちが病院を動かす原動力であることを自覚し、その意識を組織全体に浸透させる必要があります。

しかし、自発的に動けばその行動には必ず責任が伴います。若手の医師たちが「自分の判断で人の命が左右されることが辛い」と悩むように、責任を担うことは決して簡単ではありません。看護師としてその覚悟を持ち、足元から行動を起こすことこそが、病院を変える第一歩なのです。

「医師が全てを決める」という考え方にとらわれていては、何も変わりません。看護師が積極的に意見を発信し、提案し、行動する。こういった看護師が集まる、育成できる看護部が病院変革の推進力となっていきます。

## 今こそ、主役は看護部です

これまで「看護師が何をしても病院は変わらない」と感じていた人もいるでしょう。確かに、過去の経験からそう思ってしまうことは理解できます。

私たちはたくさんの看護部のリーダーたちが活躍し、変化を起こす場面を見てきました。本書を通じて、しなやかで明るくたくましく、看護部を率いて風を起こしたリーダーたちのストーリーを見てください。そして、それをぜひ、ご自身の未来と重ね合わせてください。

本書が、「看護部からの病院改革」を実現するための一助となることを願っています。私たちは、看護部には病院の未来を左右する力があると信じています。覚悟を決め、リーダーシップを発揮し、私たちと一緒にこのエキサイティングなチャレンジに踏み出してみませんか？

株式会社日本経営　業務プロセス改善コンサルティング部

Contents

はじめに　より良い病院にするために、〝看護部〟の進化を考える……002

Chapter 1
## 問題だらけの看護現場

いざ、病院改革。着手の鍵……012
何が看護師を疲弊させ、離職を促すのか

「帰属意識の低さ」が、退職を後押しさせる……016
現場から「自分の職場」意識が消えていく

意見交換ができない！旧態依然の組織構造……019
一方通行の情報の流れが、現場の声を封じ込める要因に／
患者と接する者にしか見えていないこと／変わりゆく医療環境に翻弄される看護師たち

〝技術〟と〝管理能力〟は別物……027
自己犠牲の責任感が、逆に問題を悪化させる／個々の価値観を尊重し、ビジョンを共有／
組織としての歴史を持つ看護部だからできること

Chapter 2
## リーンを読み解く

変革の新たな道筋、NKリーンの導入……034
医療・看護業界に特化させた独自のアプローチ

根幹は「患者の価値を最大化する」……038
根本的な問題解決に踏み出そう／患者視点を取り戻す

〝3つの原則〟を実践して、高品質な医療を提供する……044
原則①リーンオペレーション／原則②リーンマネジメント／原則③リーンリーダーシップ

# Chapter 3


## 改革実行の5ステップ

リーンコンサルタントの役割 …… 064
スポンサーシップと変革推進のための環境整備／チェンジエージェントの存在／適切な変革プロセスの設計と実行

リーン思考の軸となる概念 …… 071
ステップ①価値を特定する／ステップ②価値の流れをマッピングする／ステップ③フロー（流れ）をつくる／ステップ④プルの仕組みを確立する（後工程引き取り）／ステップ⑤完璧を追求する／組織の〝車輪〟をうまく回すには

コッターが提唱した「8つのアクセラレーター」 …… 105

5つのステップをコッター理論に当てはめる …… 110


# Chapter 4


## 改善の第一歩は「ボトムアップ」

まずは〝土台〟を構築する …… 115
組織体質を変えなければ定着しない

Case 1 動線を見直し歩行のムダを省く――A病院 …… 124
移動距離の減少でプライベートも充実

Case 2 情報収集の工夫で前残業をなくす――B病院 …… 131
前残業をするには訳がある／1つの改善活動がもたらす次の気づき／ルールの徹底が成功の鍵

Case 3 改善活動で次世代育成の土台作り――C病院 …… 140
手術室の業務効率化／3カ月で得られた成果

Contents


## Chapter 5
## 目指すは、自走する組織づくり

Case 4 5つのストーリーが自律を促す――亀田総合病院 …… 148
離職が止まらない！／能動的な「新幹線型」が目標／描かれた5つのストーリー／
方針を打ち出す〝川上〟が一致団結／現場ラウンドで関係性に変化が／
2時間半の定例会議を大幅に短縮／改善活動の話題で盛り上がる／
スキルを正当に評価する／多忙で施策が機能しない／
モデル病棟で変化の礎を築く／リーダー育成で自走する看護組織へ／
プロジェクトの相乗効果で「改善活動」に変化が／今後の課題は「時間の捻出」

## Chapter 6
## 変革の先に描く「未来」

Case 5 看護現場でもDXはできる――飯塚病院 …… 188
身近で簡単なところから現場を支える／変わることへの心理的負荷を軽減する／
「現場が楽になるか」を考え抜く／変化への抵抗は、健康な組織の正常な反応／
チェンジエージェントは結果である

Column 〝米国病院〟の挑戦が時代を動かした …… 205

おわりに …… 208

# Chapter 1

# 問題だらけの看護現場

## いざ、病院改革。着手の鍵

組織改革はまず「看護部から」始めるべきだというのは、実は多くの病院で認識されていることかもしれません。その理由は、看護部が病院内でもっとも大きな組織であり、患者と関わる機会・時間が多い部門だからです。看護師は、患者の療養生活を直接的に支えるだけでなく、医療の現場で他の医療従事者や部門と連携し、日々の診療や治療を円滑に進める役割を担っています。つまり、看護部が効果的に機能することは、病院全体の運営に直結するということを意味しています。看護部が変われば、影響を受ける他部門も必然的に変わらざるを得なくなり、病院全体の効率向上と患者価値の向上につながっていくのです。

また、看護部が適切に機能することは、患者の信頼を得ていくうえでも必要不可欠です。看護師は、患者やその家族がもっとも長い時間接する病院の「顔」ともいえる存在です。彼ら・彼女らの対応やケアの質によって、患者満足度や病院の評判は大きく左右されます。この広範囲な影響力と患者ケアの最前線にいることこそ、看護部を病院の組織改革の中心に置くべき理由なのです。しかし、全てを看護部任せの改善にしてはいけません。看護部は、大所帯であり組織化された部署なので、変化させるには想像以上の労力と努力が必要になります。

なぜ日々頑張っている看護部が他部署から難しい部署扱いされていたり、看護部内でも管理者と現場のずれや、現場の不和を感じる人が多いのでしょうか？　この本を読んでいる皆さんも、そんな看護部の「問題」を感じているかもしれません。

未来に向けて看護部のパフォーマンスを上げ、看護師たちのエンゲージメントをあげるためには、現状の課題に目を向ける必要があります。まずはこの機会に初心に立ち返り、私たちのような第三者が出会った典型的な「問題だらけの看護現場」を一緒に振り返ってみましょう。

## 何が看護師を疲弊させ、離職を促すのか

さまざまな業種において、サービスの質を担保するうえで「名もなき業務」は多く存在します。例えばホテルの従業員は、貸出物の定期点検や、共用部分の清掃などを日常業務の間で行っています。一見〝雑用〟にも思えてしまうこ

の業務が、宿泊者が快適に滞在するための空間をつくり上げているのです。

病院にも、名もなき業務は多くあります。そのほとんどは、患者の生活や医療の質を担保するうえで、「隙間」にこなさなくてはならない間接業務です。

病院は、それぞれの専門ごとに部門が分かれているので、この間接業務は職種間の「隙間」にあります。そして、この「隙間」に潜む名もなき業務に多くの時間を費やさざるをえないのが看護師です。中には他部門が担うべきもの、担えるものであっても、業務の流れとして看護部が対応しているケースが少なくありません。これらの積み重ねが、一部の看護師たちの負担を増加させ、モチベーションを低下させる一因となっているのです。

ホテルの従業員の事例を挙げましたが、彼らと看護師の違いの1つに「有資格者」としての自覚もあるかもしれません。看護師は国家資格を持っているからこそ、本来はどの職種よりもプロ意識を持ち、自分の業務に誇りを持っているはずです。しかし、そこに踏み込んでくる「名もなき業務＝看護師でなくともできること」が、看護師を疲弊させてしまっているのです。加えて、名もな

図表1 ▶ 直接業務と間接業務

**直接業務**

療養上の看護業務
手術中のサポート、療養支援
入退院の管理や支援

**間接業務**

看護記録
看護師間の申し送り、報告
入院患者の情報収集
薬剤キット作成

出典：コスト総研「病院における業務改善の進め方」をもとに作成

き業務に圧迫されて本来の看護業務に専念できない現状が、やりがいを削ぎモチベーションをさらに低下させてしまうのでしょう。

看護師を夢見て必死に勉強してようやく国家試験に合格した新人看護師たちは、学校で学んだ看護学と実際の業務とのギャップに悩むことが多いのではないでしょうか。しかし、そのように思い悩んでいては仕事が終わりません。名もなき業務に追われるうちに、いつしか現状に慣れ疑問にも思わなくなってしまいます。そのような経過をたどり、看護師としてのやりがいを感じる前に疲弊してしまい、やむなく離職を考えてしまう人が多いのではないでしょうか。

## 「帰属意識の低さ」が、退職を後押しさせる……

医師の仕事は非常に高度で特殊な専門性を必要とするため、組織への帰属意識よりも、技術の自己研鑽や知識の習得に意識が向いてしまう傾向があるといわれています。同じことは看護師にもいえるのではないでしょうか。看護師たちも自らの技術や知識に誇りを持って業務を行っていますが、しばしば個人のスキルや業務にのみ意識が向きがちになり、組織全体に対する帰属意識が希薄になる傾向があるということです。

加えて、専門性への意識が高い看護師は特に、職場環境に不平等が見られる場合や、組織全体の方針が明確でないと、愛着をさらに失っていきます。

## 現場から「自分の職場」意識が消えていく

私たちのような外部の者が、一般的に職員のモチベーションが高いか低いかを判断するときに参考とする代表的なポイントが、環境の乱れと職場の明るさです。例えば、ロビーや廊下の隅が汚れている、壁のポスターが古い・曲がっている、コンピューターのコードが散らかっているなどの職場環境の乱れは、そこで働く看護師たちが、どこか自分の職場を他人ごとと感じている証拠です。

「自分の職場」という意識が希薄になっていくと、業務に対する責任感や人間関係への愛着、仕事への意欲も減少していきます。責任感や意欲の低下は、看護師自身のキャリアアップや成長を考える機会をも失わせ、長期的な視点でのモチベーションを奪う要因ともなってしまうでしょう。

帰属意識の低下は、モチベーション減少などの内発的なものだけではなく、外部要因からも影響を受けていると考えられます。

日々の業務に忙殺され、組織全体を意識する余裕や機会はほとんどないというのが、多くの看護師たちの現状でしょう。それゆえに、病院全体や看護部としてのビジョンや目標は現場に浸透しづらく、その方針と自分の仕事がどのように関連しているのかが見えにくくなっているのではないでしょうか。このような状況が慢性化すると、業務を「作業」として遂行していくようになり、

・自身の業務を一連の看護として認識できない
・病院や看護部が設けているビジョンや目標を自分ごととして認識できず、進んで行動できない

といった問題が発生し、結局、組織への愛着や帰属意識をさらに低下させてしまうのです。

このように帰属意識の欠如が続くと、看護師たちは「自分の仕事さえこなせばいい」と感じるようになり、職場への忠誠心や病院への貢献意欲が徐々に薄

れていきます。そうすると、繁忙期やトラブルが生じた際に、病棟というチーム単位のことであっても、自分たちだけで解決することが難しくなるかもしれません。自分が所属する病棟や看護部、ひいては病院全体を良くするために、積極的に行動しようという気持ちはもちろん生まれず、仕事へのやりがいを感じられなくなる人も出てくるでしょう。

そして、最終的には「この組織でなくてもいいや」「他の組織の方が本当にやりたいことができるのではないか」と、退職を後押しする原因になってしまうことも少なくありません。

## 意見交換ができない！ 旧態依然の組織構造

看護部は病院内で最大規模の人員を抱える部門です。そのスタッフ数は、大病院だと1000人を超えることも珍しくなく、中小規模の病院でも100～300人ほどの看護師を抱えています。そのため、これだけ多くの人数を管理している看護管理室というのは、企業経営に匹敵する能力が求められているのです。それほど大きな組織となってくると、次のような事象が発生するリスクが高くなります。

・上層部の決定が、現場まで安定してスムーズに伝わらない
・現場の自発的な意思や意見が上層部に伝わることなく立ち消えてしまう

では、看護部と同規模の企業でも同様の事象が起こっているでしょうか。一般的に企業では情報伝達や意思疎通をスムーズに行うための組織システムが確立されています。しかし、多くの看護部では依然として従来のピラミッド型組織構造が維持されているため、情報や意見が上層部からの一方通行となりやすく、現場の意見を受け取る仕組みが十分でない場合が見受けられます。

## 一方通行の情報の流れが、現場の声を封じ込める要因に

例えば、よくある師長会のケースを見ると、この組織構造ゆえの弊害をより深く理解していただけるでしょう。師長会には、看護部のトップである看護部

長、その下を支える副看護部長・看護師長陣が参加することがほとんどだと思います。それ以外の師長会に参加していない主任看護師や一般のスタッフ看護師、看護補助者は師長を経由して、師長会で共有された情報を聞くこととなります。

私たちリーンコンサルタントは、方針などの情報伝達や共有方法などの「情報の流れ」を見せていただくことが多々あります。その際に、よく見られるのは、師長会は看護部長や副看護部長の指示を伝える場であり、現場の声を上層部に伝えにくい構造であるということ。質問する機会も、意見交換する場面も与えられないまま、師長たちは見聞きした情報を独自に解釈して病棟に持ち帰ります。そしてその情報をその通りではなく、さらに選択して部下に伝えることとなります。そうすることで、伝言ゲームのような情報網となってしまい、一般の看護師に伝わるときには、看護部長たちの意図したものではない情報が下りてしまっているということもあるのではないでしょうか。

また、師長ごとにそれぞれ解釈している情報なので、病棟ごとに異なった情報が伝わっている可能性もあるでしょう。さらに言うと幹部や管理者は、現場に正しく情報が伝わっているか、わざわざ確認することはありません。これでは、意図せず変化してしまった情報に誰も気づくことはないでしょう。

## 患者と接する者にしか見えていないこと

現場の看護師が何か意見を述べようとしても、その声が上層部に届くルートは限られています。指示が一方通行で下りてくるだけで、現場の声を伝える場や仕組みはありません。現場で働く看護師や看護補助者の意見どころか、師長の声すらどこかの段階で消えてしまう……なんてこともありがちです。その結果として、「意見を言うだけムダだ」「どうせ聞いてもらえない」という風潮が広がり、現場の看護師たちは次第に声を上げなくなっていきます。

看護部という船の行き先を決め、目的地への舵をとるべく幹部や管理者たちが見ているものは、地図と目の前に広がる海だけ。貯蔵庫の状態や波の動き、遠方に見える雲や風の様子を知っている現場の看護師たちが航海に参加しなけ

図表2 ▶ 一般的な看護部の組織図

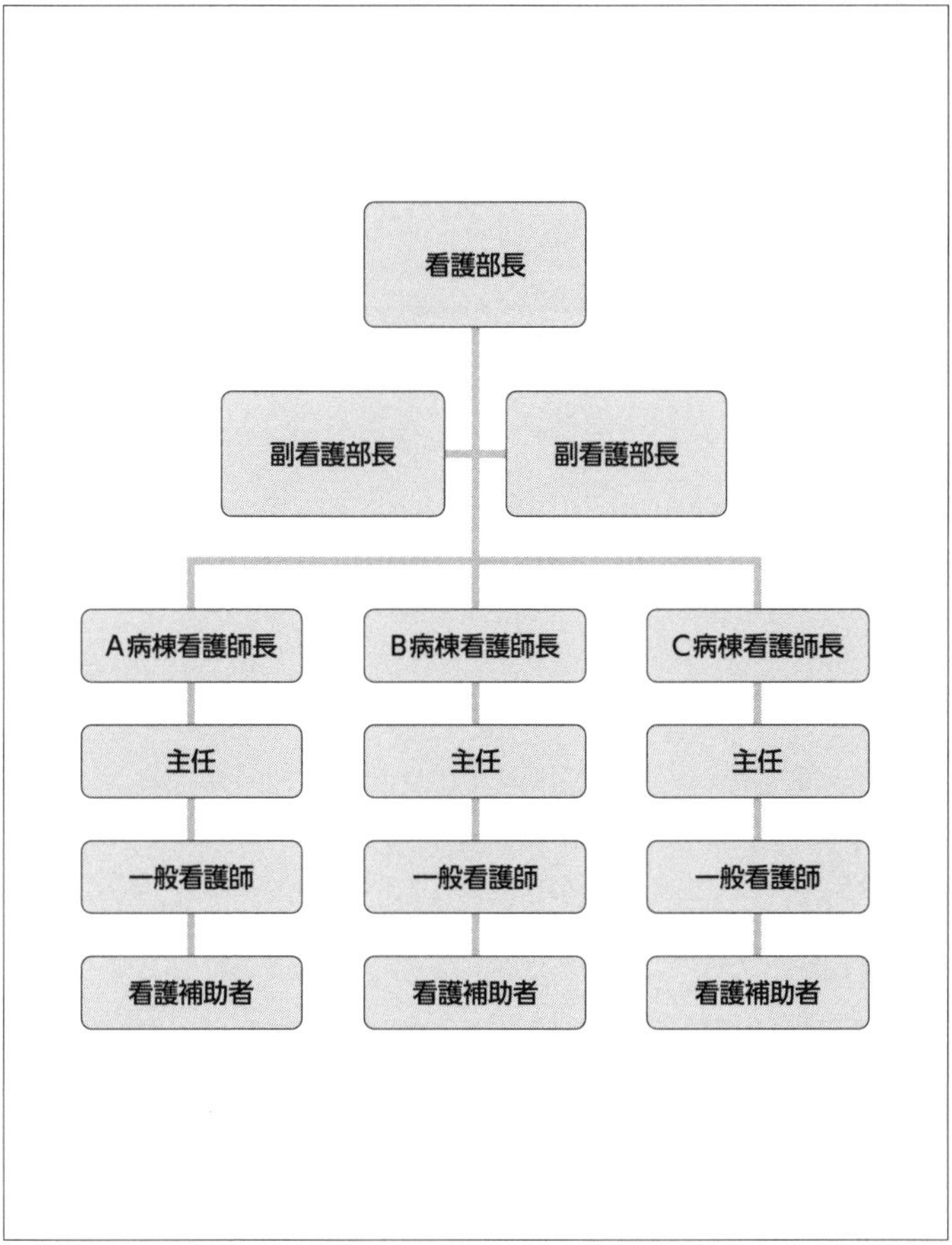

れば、どうやって看護部という船は安全に目的地を目指すことができるといえるのでしょうか？

特に管理の観点では、幹部や管理者などの上層部が「現場の看護師たちにしか見えていないこと」を知ることが、不測の事態を未然に防ぐためにはとても重要なのです。

## 変わりゆく医療環境に翻弄される看護師たち

ベテラン看護師は、かつての病棟の現場についてこう語ります。

「昔の病棟には畳の控室があって、そこで休憩時間にお茶を飲んでおしゃべりしたのよ」

そんな時代はいつの間にか過ぎ去り、現代は診療報酬改定ごとに進む在院日数の短縮化と、それに伴う日々患者に提供する医療の密度上昇、その結果生じる看護師の業務量増加が進行しています。こうした変わり続ける医療現場に適応するために、現代の看護師は限られた時間内で患者のケアを行いながら新しい取り組みにも対応しているのです。

このような状況下で、看護師たちは業務に疲弊してしまい、経営向上はもとより、より良い医療やケアのためのプロジェクトにすら無関心になってしまうことがあります。

ですので、師長をはじめとする幹部や管理者たちには理念や方針よりも、現場の課題から導き出す「現場改善活動」の任務を与え、まずは〝自分ごと〟として現場を振り返ってもらうことが大切です。

自分たちの現場では何が問題なのか、仕事のどこに疑問を持っているか、そのような考えが現場の看護師たちから出てこなければ、それは「日々の業務に疲弊してしまい、それが当たり前になって課題意識も持てない」という危険な状態に陥っています。

現場の看護師が日々の忙しさに疲弊してしまっているからこそ、幹部や管理者たちは、現場を働きやすい環境にしたいという思いから、働き方を自ら変えることができる現場改善活動の機会を設けます。しかし、改善活動を命じられた現場の多くは、課題意識も持てずに、積極的に動かないことがほとんどです。なぜなら、活動の目的がはっきりと伝えられず、効果があるかも疑わしいまま取り組む新しいプロジェクトという追加作業に、現場の多くは正直うんざりしているからです。

こんなにも不幸なすれ違いがあるでしょうか。

「そもそも何が方針かわからない」と嘆く現場と、「現場には意見がない」と嘆く幹部や管理者。上層部が掲げる目標が、現場に適切に響かないまま、タスクの指示として一方通行に伝えられるばかりでは、お互いの距離は離れてしまう一方です。

以前のようには「お茶を飲めない」環境で、昔と同じような運営を続けていけば、現場との価値観はずれていき、いずれ看護部の機能は停止してしまうでしょう。

## 〝技術〟と〝管理能力〟は別物

先に述べたように看護部は病院でもっとも職員数が多く、規模だけでみると、看護部長は企業でいう代表取締役に匹敵します。

この組織を滞りなく機能させるためには、高いマネジメント能力が必要とされるはずですが、看護の基礎教育課程で学ぶ内容は看護技術と看護学が中心。組織管理やマネジメントについて本格的に学ぶ機会は、管理職となってからと非常に限定的です。そのため役職者となった人の多くは、時に苦い経験もしながら自己努力でマネジメントを学ばざるをえないこともあるでしょう。

近年では、看護部におけるマネジメント教育の重要性が認識され始め、教育プログラムの充実に向けた動きが進んでいます。しかし、全ての看護師がマネジメントスキルを適切に習得し、現場で効果的に活用できる体制にはまだ至っていません。例えば、医療機関によっては、「マネジメントラダー」と呼ばれる教育プログラムが存在しますが、全ての医療現場で導入されているわけではなく、実践度合いにもばらつきがあります。さらに、このプログラムは現場の状況に合わせた取り組みがあってこそ実績に結びついていくので、フィードバックを含んだ継続学習の仕組みがない中では、スキルが知識だけにとどまりがちになってしまうようです。

## 自己犠牲の責任感が、逆に問題を悪化させる

看護師長は看護技術やコミュニケーション能力に優れ、責任感が強い人が多いですが、それゆえに自己犠牲を払って現場を支えようとする傾向があります。部下に負担をかけたくないという思いから何でも一人で抱え込み、自ら現場の課題や業務を担ってしまいます。その結果、師長が病棟内でもっとも時間外労働をしているという病院も少なくないはずです。しかし、このアプローチでは、組織全体の改善が進まず、現場の看護師たちも「師長がやるなら自分は黙って従おう」と考えて、主体的に行動しなくなってしまいます。

また、そんな多忙を極める師長たちの多くは、部下の育成やキャリア支援に十分な時間を割くことができません。そのため、看護師の成長を支援する機会が損失され、その結果、優秀な人ほど離職を考えるケースも増えています。

さらには、「私がやらなくては」と、慣れないマネジメントの仕事を背負いながらも、現場の疲弊にも寄り添うが故に、人一倍現場業務も抱え込んでしまう看護師長も中にはいます。そしていつしか業務量がパンクし、実務者・管理者の業務どちらも立ちいかなくなり、自らがボトルネックになってしまうのはありがちなケースです。

この状況を打破するには、まずは看護師長自身が考え方を変え、一人で抱えるのをやめることから始めましょう。

「魚を与えるのではなく、魚の捕り方を教える」

つまり、一日も早く現場の看護師自らがパフォーマンスを上げられるような仕組みをつくり、役職者だけでなく看護師全員が組織を改善する視点を持つことが必要です。また、管理者がマネジメントを知識として知るだけではなく、それを実践し活用できる環境を整えることが、看護部全体の成長と改善にとって重要となります。

## 個々の価値観を尊重し、ビジョンを共有

多様性社会で生きる現代の看護師たちは、さまざまなバックグラウンドや価値観を持ち、それぞれが異なるキャリア観や働き方を求めています。さらに得られるキャリア自体も、かなり豊富な選択肢があります。

医療の質を担保するうえで、時代の変化に伴って次々と生まれる「隙間」の仕事を看護師が担っていくことは、医療の構造がガラッと変わらない限り避けられないでしょう。だからこそ、隙間業務の負荷を少しでも減らし、看護師たちが働きやすい環境を整えていくことが、働き続けたい職場、もっといえば、やりがいを感じることのできる職場をつくるためには必要なのです。

つまり、組織の安定した運営のためには、多様なバックグラウンドや価値観を受け入れて個人の活躍を応援することが重要であると同時に、共通の目標に向かって走れる職場環境を整備していくことが必要不可欠になってくるということです。

では、看護部はこれらの新しい挑戦をどう乗り越えていくべきなのでしょ

う？　皆さんが、現場の不和、管理者と現場のずれ、他部門との不協和音などを感じているのであれば、答えは簡単です。現場と上層部が一体となり、合意形成を図りながら、この多様なアイデンティティーを全て受け止めることで、組織は活性化していくはずです。

もちろん、さまざまな意見や視点を取り入れつつ、組織として統一した見解を示すことは決して容易なことではありません。しかし、合意形成のスキルを活用したり、コミュニケーションをより円滑にしたりすることで、効果的に進めることはできます。組織共通の理念のもと、関係者間での無用な対立を避け、納得感をもって変化を受け入れる体制をつくることができれば、目標に向かって課題を乗り越えていくことを嫌う人は少ないのではないでしょうか。目の前にある課題が大きいほど、人は目的意識と責任感と創意工夫を持って、自分では思いもしなかったような力を発揮することができると思います。

また、所帯の大きな看護部が、統一された組織として共通の目標に向かって走っていくために必要なのは、多様な価値観を尊重しながらも理念やビジョンを明示することです。医療や看護に対して同じ価値観を持つ人材を引きつけ、組織の一体化を進めるための基盤をつくることができるでしょう。

## 組織としての歴史を持つ看護部だからできること

各部門の橋渡しとなり、調整役として病院全体の業務を効率化できるのは、現場にいる看護師だからこそできることだと思いませんか？

今後、看護部が病院全体の変革を担う中心になるためには、今以上にパフォーマンスを上げてその存在感を示さなくてはならず、一人ひとりが自主的に行動する必要があります。そして、1つの目指すべき方向性を提示したうえで、各個人の多様性を受け止めながら、前に進むためのスキルを習得し実践していかなくてはいけません。

「問題だらけの看護現場」が今日の姿なら、「変化し続ける看護現場」が、私たちが考える未来の姿です。

次のChapterでは、組織変革を起こす「リーン」の考え方と、その具体的なアプローチについて解説していきます。

# Chapter 2

# リーンを読み解く

## 変革の新たな道筋、NKリーンの導入

皆さんにとって、「課題」とはどんなイメージの言葉でしょうか。課題達成のための挑戦を「今のままでいいのに」「前のままが良かった」「なぜこんなことをしなくてはいけないのか」と苦痛に感じる人もいれば、オリンピックで金メダルを目指すようにエネルギーに満ちたものと感じる人もいるでしょう。

課題達成のための挑戦や変革が苦しいものではなく、活力に満ちたものとなり、そしてその取り組みによってチーム力が高まる方法や組織づくりのノウハウがあるとしたら、知ってみたいと思いませんか？　今日の問題解決だけでなく、もっと良い明日をつくるために、看護部のパフォーマンスを上げ、そこで働く人たちをエンパワーメントする方法――。「リーン」は今苦しいと感じている多くの人に、結果が変わる成功体験に基づく確信と、〝ピンチはチャンス〟と声に出して言えるような自信を提供します。

「プロセスを変えるとチームが変わる、結果が変わる」

〝変革の道筋〟となるリーンについて、詳しく見ていきましょう。

## 医療・看護業界に特化させた独自のアプローチ

リーン（Ｌｅａｎ）とは、英語で「ぜい肉のとれた」「体が締まった」「均整のとれた」「やせている」といった意味。ビジネスにおいてはリーン生産方式、リーンマネジメント、リーンスタートアップなど、リーンを冠する経営手法がありますが、基本的な考え方は次の３つです。

①顧客の視点で価値を定義する
②顧客に価値をもたらさないムダを排除する
③改善を継続させる仕組みを持つ

一般的によく知られている「リーン生産方式（Lean Production System）」は、トヨタ自動車が生み出した工場における生産の運用方式「トヨタ生産方式（Toyota Production System）」をベースにつくられたもの。「ムダ」を徹底的に排除し、効率を最大化することを目的とした生産管理の手法です。

１９８０年代にアメリカのマサチューセッツ工科大学がトヨタ生産方式を体

系化し、その哲学や方法論に「リーン」という名をつけて世の中に送り出したことから始まりました。現在では製造業に限らず、サービス業やソフトウェア開発会社などのさまざまな企業で、プロセスの効率化やコスト削減の価値創出の効果があるとして広く採用されています。海外ではシックスシグマやＴＱＭ※などに並び、医療や介護の現場でもコストの削減と質の向上を目的とした改善手法として取り入れられています。

日本経営ではリーンの哲学と手法を踏まえ、医療や介護といったヘルスケア業界に特化し、かつ日本独自の文化や背景に配慮した手法「ＮＫリーン手法」を考案しました。以下ではＮＫリーンの考え方と、変化し続ける組織づくりを実現する手法を総称して「リーン」と呼びます。

※……シックスシグマは、プロセスの変動を減らし、製品やサービスの品質を向上させることを目的とした統計的手法。具体的には、データ分析を通じて欠陥を最小化し、効率的な業務プロセスを確立することに重きを置く。一方で、ＴＱＭ（総合的品質管理）は、組織全体で顧客満足の向上を目指し、品質改善の文化を根付かせるアプローチ。ＴＱＭは全員参加型で、継続的改善を促す点が特徴。リーンは、シックスシグマやＴＱＭと異なり、主にムダの排除と効率の最適化を目指すが、いずれも品質と生産性向上を目指す点で共通している。

図表3 ▶ トヨタ生産方式

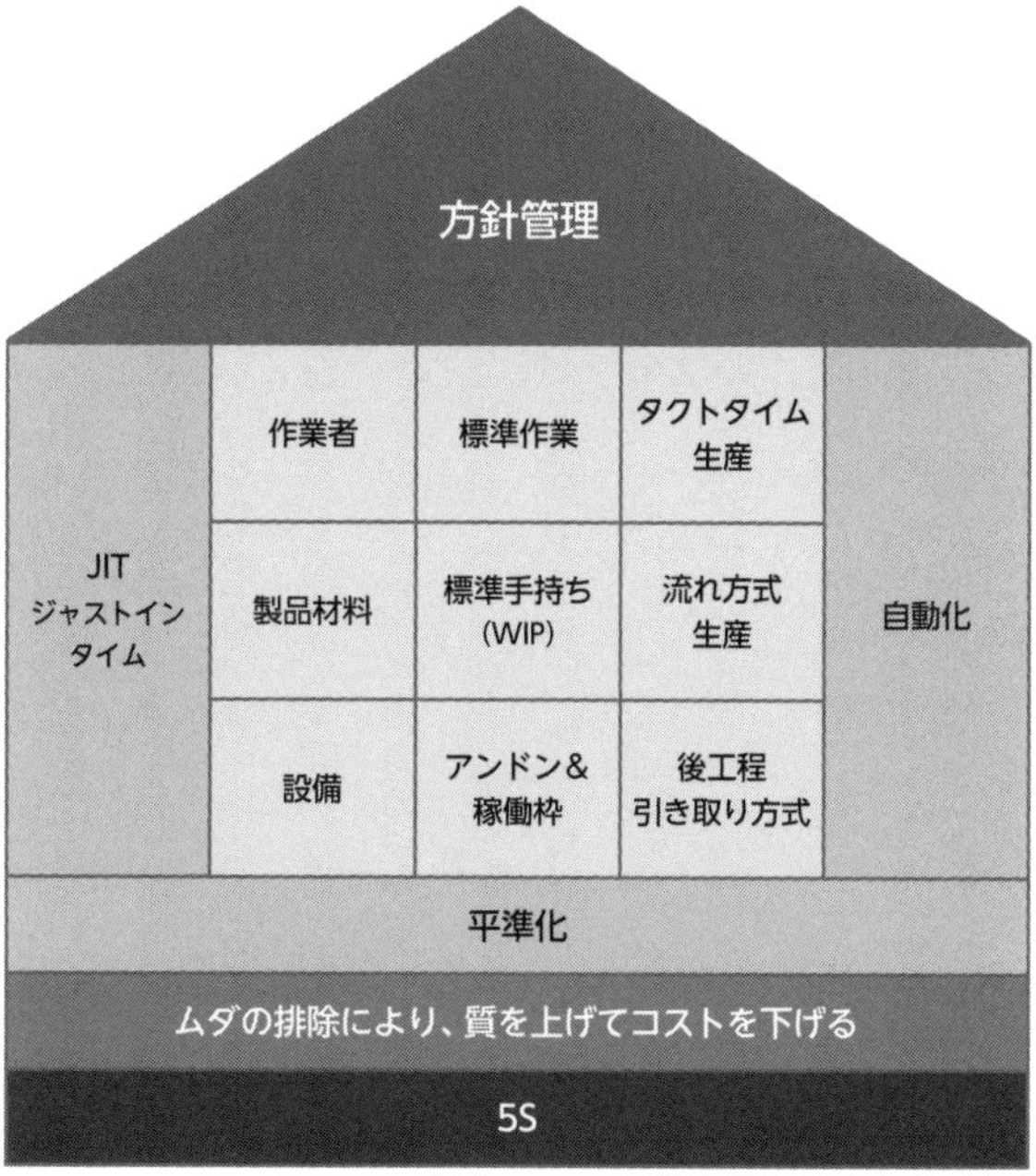


トヨタ生産方式をベースにした
「あるべき姿」の考え方

## 根幹は「患者の価値を最大化する」

「患者の価値を最大化する」――これはリーンの根幹であり、私たちが考える究極の目標です。患者一人ひとりが受け取る価値を最大限に高めることで、病院組織は、患者、地域社会、そしてそこで働く職員から信頼され、選ばれ続ける存在へと変化します。このような理念を実現するためのリーンですが、その実践の中心になるのは現場改善活動。業務プロセスから「ムリ・ムラ・ムダ」を取り除き、働く人々に新たなやりがいや充実感をもたらすことを目指します。さらに、そこに生まれた「時間的、心理的余裕」を持って、患者の価値を一層追求していく。リーンとは、そんな持続性のある組織へと変化させるための、理念と実践方法なのです。

### 根本的な問題解決に踏み出そう

リーンの中核にある「現場改善活動」。多くの人は、改善活動を「問題解決の

図表4 ▶ NKリーンのミッション

Mission NKリーンのミッション

Transforming processes,
Transforming teams,
Transforming outcomes.
プロセスを変える、
チームが変わる、
結果が変わる。

ための手段」と捉えているのではないでしょうか。例えば、「仕事が煩雑なので新たに病棟アシスタントを入れる」「転倒防止のために離床センサーを導入する」などが、一般的に思い浮かぶ改善策でしょう。

一方で、リーン手法による改善活動は、一時的な対処ではなく、根本的な問題解決を目指します。そのため改善策を考える前に、そもそもなぜその問題が発生したのかを見つめ直します。例えば仕事が煩雑化したのは、従来の業務では過剰な個別対応が多かったからかもしれませんし、狭いスペースで紙作業をすることのやりにくさかもしれません。もしくは、作業者の能力や役割の曖昧さ、責任の所在が不明確であることが原因の可能性もあります。根本的な問題を解決しない限り、結局は新しく雇われたアシスタントも煩雑な仕事に追われてしまうでしょう。

このように原因とありたい姿を考えながら、不合理な「ムリ・ムラ・ムダ」を取り除くことで、問題の根本にある原因を改善できます。やりづらさが減り余裕や時間が生まれた結果、スタッフが周囲に目を向けられるようになり、「自分に何ができるか」という新たな視点を得るきっかけとなるでしょう。そして、より良い未来に向かって挑戦し合う仲間意識や組織文化を育むことができるのです。

本気でチームを変えたいと願うのであれば、リーンという強力なツールを手に、一歩を踏み出すべきなのです。

## 患者視点を取り戻す

長引く日本経済の低迷は、社会全体に利益追求を求めるプレッシャーを与えました。その結果企業経営は、より短期的な問題解決や迅速な結果が求められるようになりました。それがかえって長いスパンでの成長機会を阻み、組織への帰属意識の低下を招いている一因ともいわれています。この状況を打開するため、SDGsや地方創生といった、長期的かつ社会的な意義を伴う経営への関心が高まり、利益を超えた価値を掲げて人々の協働を促す動きが生まれています。私たちリーンコンサルタントも、即効型解決策や、ただ〝頑張って今より生産性を上げること〟にフォーカスした経営を脱し、目的に立ち返ることが大切だと考えます。目の前の経営課題への対処だけでなく、「長期的な価値を高める」経営、すなわち顧客や市場、そして労働者に選ばれる企業を目指すことで、長期的な成長を促すパラダイムシフトを提唱しています。

医療も同じです。患者や地域社会だけでなく、医師やコメディカルスタッフにとっても「選ばれる病院」とならなければ、労働力が不足するこれからの人口構造の中で、安定した運営や経営はますます成り立たなくなるでしょう。また、医療の目的と患者視点に立ち返ることについても、楽観視できません。従来患者視点が根付いているはずの看護の世界でも、日々の忙しさの中でいつしか「自分の仕事をどう軽減するか」といった考えに陥ってしまうのです。

このような「業務を楽にしたい」という視点だけで改善活動を進めると、どのような結果がもたらされるのでしょうか？　例えば、「あの人の仕事はやりやすくなったが、私の負担は増えた」「改善を施したのに、患者の価値やケアの質が下がってしまった」といった、本末転倒な事態を導く可能性があります。これは、部分最適型の改善活動が陥りやすい落とし穴でもあり、現場の看護師たち、スタッフたちが感じる「モヤモヤ」の一因。また、こうした理不尽さが、改善活動がなかなか受け入れられない理由の1つでもあるのです。

患者価値に焦点をあて、全体最適型の改善活動に取り組むために、私たちリーンコンサルタントは、「自分が患者やその家族だったら、どのような対応を求めるだろうか」「私が患者だったら、これは本当に必要だろうか」「価値を上げるために〝私〟ができることはなんだろうか」と問いかけるように助言します。医療の共通価値を「患者軸」と明確にすることで、判断基準を正しく目的に紐づけ、問題と解決策の全体像が鮮明に見えてくると考えています。

繰り返しになりますが、リーンの根幹は「患者の価値を最大化する」に基づいて物事を判断することです。この判断軸を持つことで、部分最適に偏ることを避け、患者にとって最良の結果を導くことが可能になります。また、医師やコメディカルスタッフにとっても、「それなら協力したい！」と思えるような解決策を見つけるきっかけになるでしょう。

## "3つの原則"を実践して、高品質な医療を提供する

ここからは、リーンの根幹である「患者の価値を最大化する」を実現するために必要な3つの原則について説明していきましょう。

### 原則① リーンオペレーション

最初の原則は、改善活動を通じて業務プロセスを徹底的に効率化することです。現場の知恵と工夫を活かしてムリ・ムラ・ムダを排除し、業務の標準化（脱属人化）と継続的な改善を重ねていく。このアプローチを、私たちはリーンオペレーションと呼んでいます。次からいくつかの改善コンセプトを紹介します。

**外来対応での脱属人化**

ある病院では、外来担当医のリクエストに合わせて、医師事務作業補助者や看護師がやり方を変え対応することが日常化していました。例えば、ある医師

図表5 ▶ 3つの原則

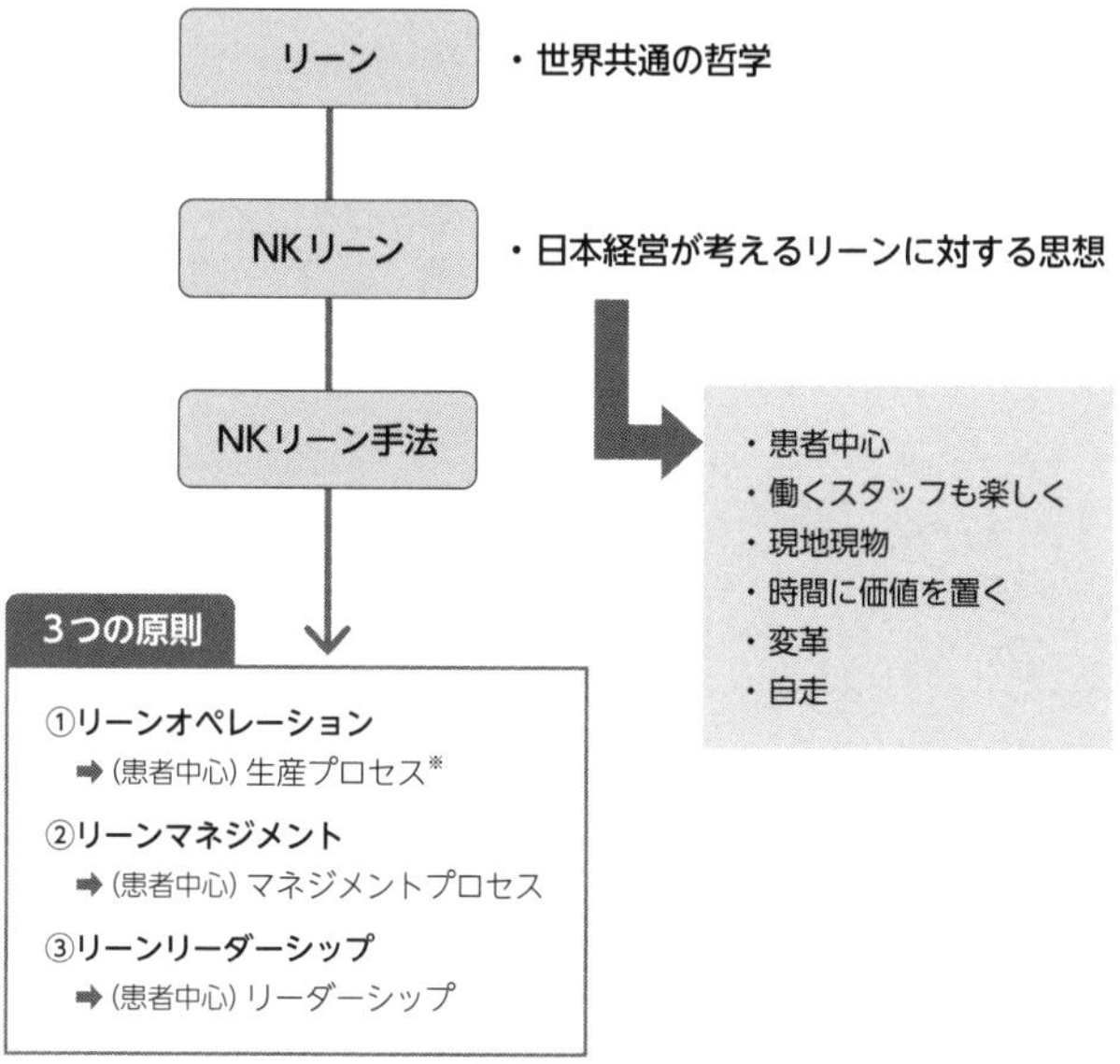


※ヘルスケアにおける「生産プロセス」というのは、多くの場合ケアの提供によって患者が治癒する、生活継続といったプロセスをさす。

は患者への説明を十分に行うために細かな資料を用意させ、一方で別の医師はスピード重視の対応を求めるなど、それぞれのスタイルに従って、補助者や看護師は対応方法を変えざるを得ません。医師ごとの対応が基本のため、業務の効率化をしようにも何を基準にムリ・ムラ・ムダを判断してよいかわからない状況でした。

さらに、人員不足が深刻な中で限られたリソースを活用している現場では、こうした柔軟な対応を維持することが大きな負担となります。各医師のリクエストに合わせるために、必要なスキルや手順が増える一方、標準化が進まないために新人やパート職員にとっても業務が理解しにくいものとなり、ミスやストレスの原因になっていました。

こうした状況を改善するためには、医師ごとのやり方ではなく、医療全体の「あるべき姿」に基づいた標準化が求められます。標準化により、属人的な対応から解放されることで、現場はムリ・ムラ・ムダを削減し、業務の負担軽減と医療の安定供給が可能となります。医師は標準化を嫌うと思って諦めているかもしれませんが、もう一度患者価値に立ち返って、一緒にベストプラクティスが何かを探ってみることはできるのではないでしょうか。

## 現場都合に合わせる柔軟性

多くの病院幹部が抱えている看護師が〝来ない〟問題と、看護師が〝辞める〟問題。これらは人員不足という同じ課題であっても、組織の置かれた環境や保有するリソースの違いにより、最適な解決策は異なります。さらに、その施策を現場に導入するためには、現場に合わせて柔軟に修正することが不可欠です。そのため、PDCAサイクルを何度も回し、トライ&エラーを繰り返しながら、現場に適した施策へ微調整していくことが求められます。こうして各現場で施策が着実に実行されている状態こそが、病院の現在の状況に適した最適解であると考えています。

このようなプロセス改善を、PDCAとOODA※を使い分けながら時間をかけずに行うためには、「完璧」というマインドセットを一旦横に置いておく気楽さも大切だといえるでしょう。

※……OODAとは、「Observe（観察）→Orient（状況判断）→Decide（意思決定）→Act（実行）」という4つのプロセス。変化の速い環境に適応しやすい意思決定のやり方。

### 前残業をなくす

効率化やコスト削減の話をする際、「コストを下げれば質を妥協することにもなる」という意見がよく挙がります。しかし、それは本当でしょうか？　確かに、今までと業務量は同じなのにコスト削減のために残業をすることを禁止したら、患者ケアの質や職員のやりがいが低下し本末転倒です。リーンのアプローチでは、〝これまでのやり方をただ早く、短くする〟のではなく、〝患者価値を前提に業務プロセスのムリ・ムラ・ムダを省く〟ことを通して業務プロセスの変革を目指します。

例えば、多くの病院で問題となっている「前残業」の大部分は、シフトに入る前の情報収集や一日の業務の組み立てに費やされています。しっかりとした情報収集はケアの質や安全のために重要で、紙ベースでの業務は欠かせないものでした。しかし、現在では患者の情報が電子カルテシステム上で一元管理されているため、業務開始時に本当に必要な情報だけをシステム上で確認し、効率的な申し送りと組み合わせることで、前残業を解消できる場合が多いです。ある病院では、改善活動を通して現場の人たちが「情報収集シート」を自らつくり、前残業を劇的に減らせたという例もあります。

つまり、従来のやり方を分解し、その目的に照らして必要なものと不必要なものを整理することで、効率化と質の担保を両立することが可能になります。ただがむしゃらに動くのではなく、テクノロジーも活用しながら〝どうしたら安全で安心なケアをより効率的・効果的に提供できるか〟を考えることで、自分たちの業務も楽にできるのです。これが、リーンが目指す「WIN―WIN―WIN」(患者、仲間、自分の三方よし)のアプローチです。

## 原則② リーンマネジメント

リーンの第2の原則は、組織全体の成果達成を支えるために、報告、連絡、相談や、会議体制を強化することでタイムリーな情報の流れと意思決定を整備する、すなわち「マネジメント体制の強化」です。トップダウンでの情報伝達を徹底しながらも、現場レベル(病棟単位など)ではボトムアップでスタッフの意見を積極的に収集する仕組みを整えることで、現場が組織の方針に沿いなががら、各々の特性に合わせた施策を実施できるようになります。このプロセスが結果的に、マネジメントの効率化を実現し、組織全体としての成果を引き上げるのです。当然、このマネジメントプロセスを扱うために、管理者たちには一定のマネジメント力が求められてきます。

Chapter1で取り上げた看護部の課題の1つである「マネジメント」について考えてみましょう。マネジメント力とは、事業を持続可能に発展させるための「数値目標達成」を実現する力を指し、リーダーシップや意思決定、課題解決、計画策定、チームの指導と育成など、多様なスキルの集合体です。しかし、医療組織における管理職の多くは、これらを体系的に学ぶ機会が少ないのが実情です。患者ケアを専門とするプロフェッショナルが、プロジェクトの進行管理やリソース配分、目標数値の管理といった手法に触れる機会が限られている中、管理業務を担う。その結果、現場レベルでの理解や実行に整合性が取れず、方針にばらつきが生じるのも無理はありません。

## 医療は人を扱うオーケストラ

組織・現場レベルのマネジメント力にばらつきがあれば、その弊害は看護部だけにとどまらず、病院全体、そして患者への治療にまで波及してしまいます。病院を、さまざまな楽器が集まって1つの音楽を奏でるオーケストラに例えてみましょう。バイオリンやクラリネット、トランペットなど、それぞれの楽器には役割があり、個々で美しい音色を奏でられるかもしれません。しかし、どの楽器も「我こそは」と勝手な演奏をしてしまうと、オーケストラとして一体感のある最高の音楽を生み出すことはできません。聴衆を感激させる音楽を奏でられるオーケストラには何があるのでしょうか。卓越した技術を持った個人が見事に他の楽器パートと調和するように、全体を見てまとめ上げる指揮者の存在だといえばわかっていただけるのではないでしょうか。

同じことが病院にも当てはまります。医師、看護師、理学療法士、作業療法士、薬剤師など、20以上の国家資格を有する専門職や、会計・総務などの事務職が協力し、各職種がそれぞれ日々の努力で知識と技術を磨きながら、患者へ医療を提供しています。しかし、日本の病院にはオーケストラでいう「指揮者」

に相当する専門職が存在しません。また、一流の医療提供者が必ずしも一流のマネージャーとは限らないのです。このような背景があるからこそ、標準化された手法というものを使い、再現性を持った優秀な指揮者たちと楽団としての組織をつくり上げる「リーン」が価値を発揮するのです。

「誰がどのようにその組織をマネジメントしているか」は、経営にとどまらず、患者価値の実現やスタッフのやりがいにも大きな影響を与えます。ちぐはぐなマネジメントのもとでは、働く人々の力を最大限に引き出すことはできません。だからこそ、看護師をはじめとする各職種のスタッフがやりがいを持ち、最高の医療提供を実現するための環境を整えましょう。そのために、指揮者たる管理者がマネジメント手法を学び、病院全体を一丸となった組織に変えていくことは、これからの経営の目指す姿ではないでしょうか。

**組織づくり、人づくり**

トヨタには「モノづくりは人づくり」という考えがあるそうです。〝誰かのために〟という思いや、知恵と工夫、高い技術や技能、そしてこれらを身につけた人材が育っていることが「現場力が高い」状態であり、トヨタのモノづくりの礎となっているといいます。

トヨタの哲学を基盤としたリーンでも、同じように組織づくりと人の育成について教えています。この哲学の存在が、TQMやシックスシグマといわれる品質管理や向上のための手法との大きな違いだといえるでしょう。

また、組織を考えるうえで私たちが忘れてはならないのは、医療機関の目的が企業と異なり、営利追求ではないという点です。人の力を引き出すことを重視するリーンだからこそ、マネジメントを考える際に「利益の追求や経営の成功よりも社会的意義を重視する傾向が強い」という医療関係者の特性を理解することが必須となります。さらに、現場で働くスタッフのモチベーションを高め、改善活動に巻き込むためには、彼ら・彼女らが仕事において大切にしている価値観を尊重することが重要です。医療の現場では、社会に貢献すること、患者に質の高いケアを提供することといった、社会的意義のある目標がスタッフの日々の働く意欲を支えているといえるでしょう。

## 「変わり続ける」を日常にする

新型コロナウイルス感染症のパンデミック、頻発する自然災害、急激に進化するＡＩなどの科学技術、そして地政学的な変化により、日本社会とその周辺環境は急速に変化を遂げています。企業は、これらの変化に対応しながら事業を継続することを日々求められ、目まぐるしい変化の波を乗り越えられるか試されています。そして、その成功を左右するのは、単なる財務体力だけではありません。突発的な事象にどう判断し対応するか、また、変化に順応できる体制をどれだけ整備できているかが、組織の命運を決める要因となるのです。

ここで大切なのは、迅速な情報の流れ、決定と協力でしょう。特に現場からの情報が報告されること、判断の変化をすばやく現場に伝え方針展開するためのマネジメント体制を整えておくことは、ますます重要となると考えます。また、繰り返しになりますが、組織の運用のためには、医療者たちをまとめ上げ、目標達成に向けて「協働を促すマネジメント力」がなくてはなりません。組織マネジメントの向上こそが、混乱の時代を乗り越え価値ある医療提供を継続していくための鍵なのです。

## 原則③　リーンリーダーシップ

ここまで読んでいただいた方々は、リーンのアプローチには「患者価値」という共通価値を基準に

①「リーン生産方式」を適用し、現場を巻き込んで業務プロセスのムリ・ムラ・ムダを取り除く改善をする
②組織全体の成果達成のためにマネジメント体制とマネジメント力を強化する

という2つの原則があることを理解していただけたと思います。

最後の3つ目の原則は、「変化し続ける組織のリーダーシップ」を根付かせることです。

### サーバントリーダーシップ

リーンの考え方では、リーダーシップは先天的なものではなく、後天的に学

ぶものであり、その行動は自らの意思で選び取るものとされています。指示や命令でチームを率いるのではなく、メンバー一人ひとりの強みを引き出し、個人の成長と学びを支援する。多様なメンバーが集まるチームの中で、理念に基づき対話を重ね、最適な解決策を共に見つけていく――こうしたリーダーシップのスタイルは、米国のロバート・K・グリーンリーフが提唱した「サーバントリーダーシップ」に近いものです。サーバントリーダーシップとは、「奉仕者」としてメンバーが本来の力を発揮できるよう支援し、環境を整えることを目的とするリーダーの在り方を指します。リーダーが目標達成のために奉仕し、チームがその潜在能力を発揮できるよう支える役割を担うのです。

ここで重要なのは、このスタイルは従来の指示型・指導型のリーダーシップに取って代わるものではなく、むしろリーダーとしての関わり方を広げるための手法の1つであるということです。つまり、これからの組織運営を担うリーダーたちは、自分のやり方に固執するのではなく、状況に応じた最適なアプローチを選び効果的にコミュニケーションを行うことが必要であり、そのための知識の1つであるといえます。

### 図表6 ▶ サーバントリーダーシップ

**サーバントリーダーシップとは？**

**伝統的な**
**リーダーシップ**

リーダーからのトップダウンによって指示・命令が行われ、それに部下が従う形で成り立つ

**サーバント**
**リーダーシップ**

リーダーが部下の意見を傾聴し、積極的に奉仕や支援をしながら強みを引き出していく考え方

サーバントリーダーシップの考え方は1970年に発表され、50年以上が経過しています。当初は日本でも注目されましたが、同一性や上意下達を重視する日本社会には浸透しにくい部分がありました。しかし最近では、看護管理教育の中でもこのようなリーダーシップスタイルが紹介されているようです。

## 変化し続ける組織のリーダーの役割

私たちリーンコンサルタントが看護部の方々とやりとりをする中で一番驚くことは、上席になればなるほど仕事は忙しく、それにもかかわらずいつでもすぐにメールが返ってくることです。その責任感と真摯な態度には心から尊敬と感謝の気持ちを感じると同時に、倒れてしまわないかと心配になることもあります。管理職の方々は、現場の一般看護師たちとは違う管理業務、特に勤務時間外の作業や会議時間が長く、残業も多いということが明らかとなっています。しかし、こんなにも献身的な管理者を横目に、自分は絶対あんなに仕事をしたくないと言う若手がいることは、なんとも皮肉なものだと思うのです。

変化し続ける組織のリーダーに求められる第一条件は、先手を打った管理を徹底し、結果的に起こる日々の問題に振り回されることなく、自らの時間を主体的にコントロールできていることです。今日よりも良い明日をつくるためには、これまでとは異なる時間の使い方が求められます。そのため、今行うべきことの優先順位を見直し、限られたリソースを適切に配分することが不可欠です。また、看護部全体のパフォーマンスを上げ変革に向かうためには、リーダーには以下のような能力が求められます。

・対話を通じて多様性の中から力を引き出し、理念でチームをまとめる
・未来のあるべき姿を描き、それを言語化し発信する
・失敗も成功も受け入れ、さらに挑戦できる人材が育つ環境をつくる

まずは、自分自身の時間を確保するための改善から始めてみましょう。そして、「本来、何に時間を使うべきなのか」を改めて問い直してみてください。

**行動しなければ始まらない**

リーンが目指すものは、「患者価値を最大化し、患者や職員に選ばれる組織になる」ことです。そのために、ムリ・ムラ・ムダを排除し、人々の協働やリー

ダーとしての関わり方を見直し、変化し続ける組織へと変革するためのポイントを、リーンの3つの原則とあわせてご紹介しました。よく見ていただければ、「私たちもやっている」「そうだと思っていた」と思える点が多くあるのではないでしょうか。私たちリーンコンサルタントも、多くの経営者や管理者、看護師たちと対話する中で、方向性やアプローチについて多くの共感をいただき、同じ目標に向かっていることを確認してきました。

しかし、理解し共感するだけではなく、実際に実践して時間を生み出し、人を巻き込み組織を変えるという点においては、多くの病院がまだその一歩を踏み出しきれていないのが現状です。極論を言えば、できない理由をリソース不足の環境や外部要因に見出し続ける限り、「変化」を自分の手中に収めることは難しいということでしょう。私たちも変革の新たな道筋の先にある「新しい明日」を知りつつ、その背中を押し切れていないことにもどかしさを感じるときがあります。

次のChapterでは、課題を乗り越え変わっていきたいと考えている組織に対して、私たちリーンコンサルタントがどのようにご支援しているか、具体的な改善活動の事例を交えながら紹介していきます。

## 図表7 ▶ リーンの目的

**ムダの排除**

顧客価値を最大化するために非効率な要素（ムダ）を排除

**価値の向上**

顧客にとって本当に価値のあるサービスの提供

**組織風土の醸成**

脱属人的な組織風土の実現

# Chapter 3

# 改革実行の5ステップ

リーン手法は、組織に「患者中心の業務プロセス（リーンオペレーション）」「患者中心のマネジメントプロセス（リーンマネジメント）」「患者中心のリーダーシップ（リーンリーダーシップ）」の3つを構築・育成するためのものです。これらの要素が相互に補完し合うことで、より効率的で持続可能な組織運営が実現します。このChapterでは、リーンコンサルタントとして、私たちがどのように変化し続ける組織づくりを支援しているのかを、具体的な理論に基づいて説明します。

## リーンコンサルタントの役割

リーンコンサルタントのもっとも重要な役割は、クライアントである医療現場が直面する問題を発見し、伴走して組織体制と環境を整えることです。

離職率が高い、解決策が定着しない、スタッフのモチベーションが低いなど、医療現場から寄せられる悩みはさまざまですが、これらの背後には必ず組織の仕組みやプロセスの問題があります。この課題を解消するため、私たちは、まず組織全体の環境やシステムにおける〝あるべき姿〟と〝現状〟との乖離を分析。ギャップが発生してしまった原因へアプローチします。

さらに、医療現場が抱えている課題は、日常業務から派生したものにとどまらず、組織の根本的な問題に関連していることがほとんどです。そのため、幹部の多くは問題が発生していること、解決できていないことに重圧を感じています。

私たちの役割は、幹部や管理者が抱えている課題の〝本質的解決〟の支援をすることです。そのために、単にアドバイスを提供するだけでなく、組織体制を整え、適切なプロセスを設計し、クライアントに伴走しながら課題解決に向けて支援します。そのために私たちが大切にしている要素は次の3つです。

①スポンサーシップと変革推進のための環境整備
②チェンジエージェントの存在
③適切な変革プロセスの設計と実行

それぞれ詳しく見ていきましょう。

## スポンサーシップと変革推進のための環境整備

「スポンサーシップ」とは、改善活動や長期的な変革を推進するために、幹部が積極的に支援や関与を行うことです。ここでいう幹部は看護部だけでなく組織幹部つまり他部署にわたる経営幹部層を指します。幹部のサポートと理解がなければ、現場は孤軍奮闘を強いられます。改善活動の実行と定着には、組織全体で問題を認識し、必要に応じて幹部レベルで話をつけるようなサポート体制を確立することが不可欠です。

例えば、ある病院では、看護部が主導して業務プロセスの見直しを進めていました。しかし、看護部としての成果は出るのですが、なかなかその後が広がりません。結局、他職種への働きかけにも限界があり「どうしていつも私たちだけ?」と、メンバーのモチベーションはすっかり下がってしまったそうです。

この事例は、幹部のサポート不足が現場をどれだけ孤立させるか、またその結果として変革の芽が摘まれてしまう可能性があることを示しています。スポンサーシップを効果的に機能させるためには、まず組織レベルで変革の意義を理解し、幹部がサポートする体制を整えることが重要です。

### 図表8 ▶ ポジションと役割

**スポンサー (SP)**

- 障害を取り除く
- リスク管理

・副院長
・看護部長　ほか

**プロセスオーナー (PO)**

- 現場への導入責任
- 全体設計・企画

・所属長
・診療科長
・師長　ほか

**チャンピオン**

- プロセスオーナーの意図を汲みながら推進する

・主任
・非公式な支持者

**ホームチーム**

- 改善アイデアを練る
- PDCAを回す
- 解決策を導入する

・現場スタッフ
・病棟　ほか

## チェンジエージェントの存在

「チェンジエージェント」とは、組織内で変革を推進するリーダーのことです。単に任命された人物ではなく、変革に対して強い意志と権限を持ち、多くの協力者を巻き込むことが求められます。

例えば、ある病院の改善活動では、看護部の主任が「チェンジエージェント」としてリーダーシップを発揮し、スタッフの信頼を得ながら変革を推進しました。彼女は幹部とのコミュニケーションを強化し、他職種からの協力を得ることに成功。次第にチーム全体が改善活動に積極的に関わり、結果として組織全体の変革が進んだのです。しかし、初めの段階では、改善活動に消極的なスタッフも一定数おり、その協力を得ることは困難でした。しかし、彼女はそのような現状を打破するため、まずは積極的なメンバーを巻き込み、少しずつ賛同者を増やしていったのです。そして次第に、消極的だったスタッフも改善活動に参加するようになり、現場の活気も戻ってきて、組織全体の変革が進みました。

この事例は、改善活動へ組織全体を巻き込むために、チェンジエージェントといわれる現場内の調整を中核的に担う人の存在があることの重要性を示しています。彼女が改善活動に強い意志を持ち、自ら行動し続けることで、変革を成功に導くことができたのです。

## 適切な変革プロセスの設計と実行

組織が変革を成功させるためには、適切なプロセスの設計と実行が不可欠です。組織の問題は表面に見えるものだけでなく、深層に潜んでいるものも多くあります。改善活動を成功させるためには、こうした表面には見えていない原因を取り除くことが重要です。

この考え方は、医療のアプローチと通じるところがあります。患者に対して、医師や看護師は症状の原因を突き止め、治療法を見つけ施すことで、快方に向かわせることが求められます。一方、状態によっては、根本治療よりも本人の状況に合わせた環境整備や対処型療法をとるという判断をする場合もあるでしょう。同様に、組織の問題もその本質的な原因を特定し、適切な対策を講じ実行することで、正常な運営を取り戻すことができます。

しかし、全ての問題を完全に取り除くことが難しい場合もあるでしょう。その際は、悪影響を最小限に抑えるための対応策を適切に講じることが求められます。これは対症療法的なアプローチですが、そのうえで問題が再発しないように予防策を導入し、長期的に安定した業務運営を確保することも重要です。

適切な変革プロセスとは、目の前の問題を解決するだけでなく、長期的に組織が進化し続けるための仕組みを構築すること。この仕組みを設計し実行することで、組織は日常的な問題に追われることなく、戦略的かつ充実した活動に集中できるようになります。私たちリーンコンサルタントは、適切な変革プロセスについて大きく2つの理論に沿って考えています。

・リーン思考の5つのステップ
・8つのアクセラレーター（促進要因）

## リーン思考の軸となる概念

まずは、「リーン思考の5つのステップ」について解説していきましょう。

私たちはリーンについて考えるとき、次の5つのステップを軸にして考えていきます。

ステップ① 価値を特定する
ステップ② 価値の流れをマッピングする（価値の流れを見える化し、改善の計画を立てる）
ステップ③ フロー（流れ）をつくる
ステップ④ プルの仕組みを確立する（後工程引き取り）
ステップ⑤ 完璧を追求する

これら5つのステップは、ジェームズ・P・ウォマックとダニエル・T・ジョーンズの著書『リーン生産方式』（原題：Thinking）によって、トヨタ生産方式の思想と方法をもとに「リーン思考（Lean Thinking）」の5つのステップとして提唱された概念です。私たちは、常にこの5つのステップをフレームワークとして、変化を仕掛けていきます。

次からは、その5つのステップについて詳しくお話ししていきます。

## ステップ① 価値を特定する

Chapter2でも触れたように、リーンでは「患者中心主義」が全ての判断基準です。患者価値の視点で自分たちのプロセスを見直したとき、患者に付加価値を与えないものを「ムダ」と呼んでいます。

私たちは、そのムダを取り除くか、もしくは、より付加価値が高いものへの置き換えを目指しています。

このステップで重要なのは、一人ひとりがやっている業務の意味を今一度見直すことにあります。機械的に行っている日頃の作業や、患者や周囲の人たちの経験、やりにくさや、ムダだと感じていることを振り返り、自分や患者、組織が大切にしていることは何かという「価値」を考える機会をつくります。

図表9 ▶ リーン思考の5つのステップ

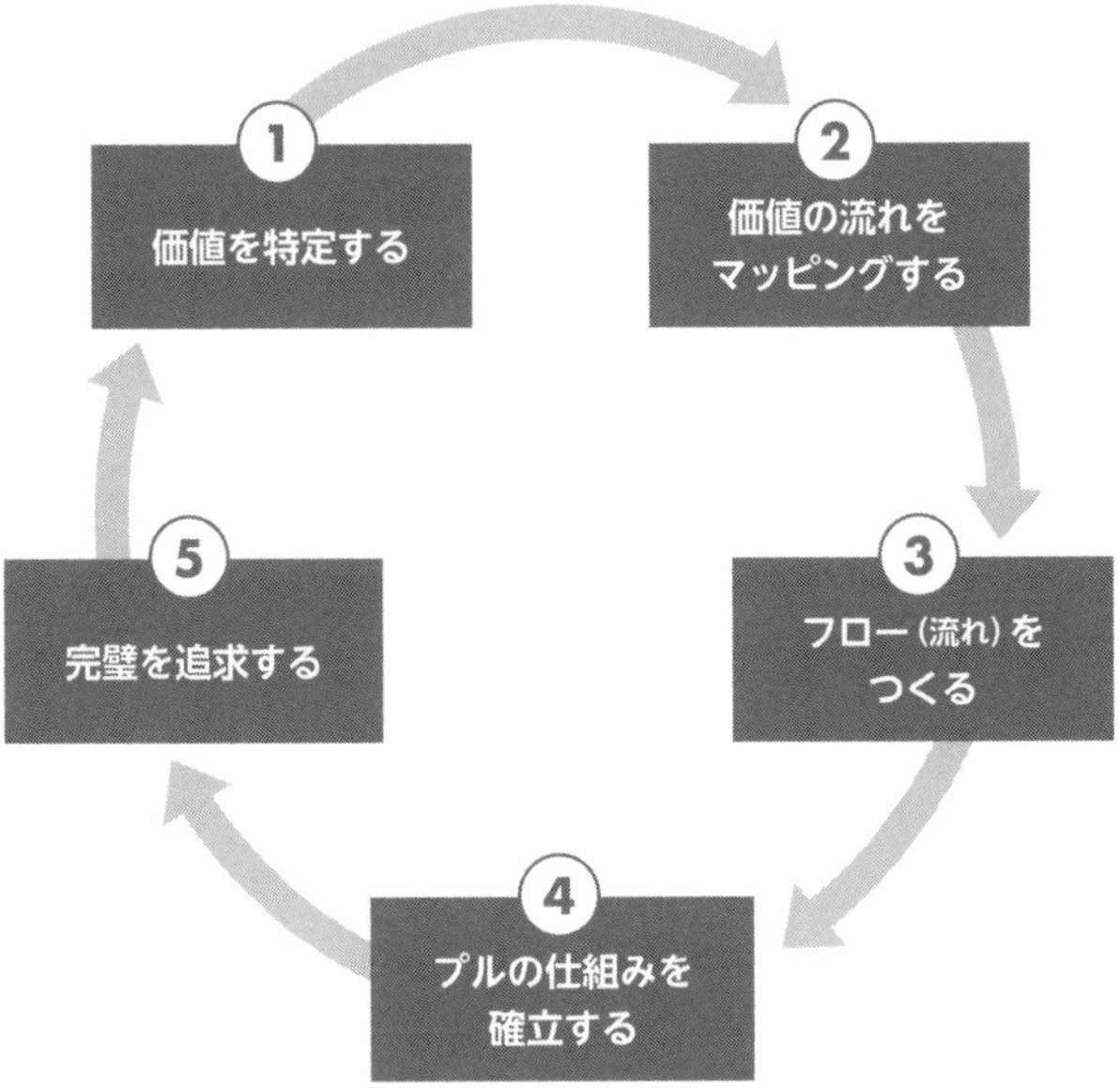

そのために私たちがまず推奨しているのが、病院全体で問題の改善に取り組む姿勢を明確にするために、看護部門の管理者だけでなく病院幹部、事務部をはじめとした他部門の管理者が現場をラウンドすることです。これを私たちは、「現地現物をする」と表現しています。これは単なるラウンドではなく、現場で起こっている問題を「自分ごと」として捉えられるようにする活動です。実際、私たちが一緒にラウンドすると、多くの管理者の方が「今まで見ていたつもりではあったが、気づかなかったことがたくさんあった」と驚かれます。

日頃自分たちが持っている「バイアス」を取り除き現場に立つことで、初めて見えてくる患者価値やスタッフの現状、自分が大切にしているものを見直すことができるはずです。それらを認識することが、あるべき姿と現状の乖離を把握し、共通認識を持った価値の特定のために重要なポイントだといえるでしょう。

忙しい幹部・管理者たちが立ち止まって、現場で今何が起きているのか見る時間を取る。それだけでも、何かを変えるための大きな一歩となるはずです。

とはいっても、「顧客価値（患者価値）」を意識して、自分たちの職場を見ることは決して簡単ではありません。何に注目したらいいのか、どうやって価値のあるものとないものを見分ければいいのかと戸惑うと思います。
それを補助するツールが、これからご紹介する標準作業表や時間観測シートです。これらのツールを活用し、これまで見えていなかった領域にも注意を向けることで、「なぜそれを行うのか」という疑問を持つ姿勢が生まれます。そうすることで初めて、現状を超える価値を提供するための改善活動が可能になります。

**標準作業表**

標準作業表とは、「人と情報の動きを記録する」ツールです。まず病棟の間取りを描き、勤務時間中の看護師と器具の動きや、移動歩数を書き入れていきます。「病棟で患者のケアをしてから記録業務をする際、一旦ナースステーションに戻ってノートパソコンで入力する」「おむつを交換するたびに、離れた廃棄場所まで移動する」など、動線や歩数を記入していきます。このような視点で見ていくと、同じ通路を何度も行き来していて、不必要な作業が発生していることがわかるでしょう。そして「細かく分かれている工程をまとめたり、省略したりすることで効率化できるのではないか」といったアイデアが生まれてきます。

### 時間観測シート

時間観測シートは、業務の内容とそれにかかる時間を記録するためのツールです。1人の看護師に密着し、例えば「8時30分申し送り開始」「8時55分申し送り終了」など時間軸に沿って、1つひとつの作業の開始時間と終了時間、待ち時間などを詳細に記入していきます。看護師がどのような一日を過ごしているかが明確になり、どれほど多忙に働いているか、一方で待ち時間の多さなどの問題点も実感できるはずです。

標準作業表と時間観測シートを記録する際は、気になったことがあれば付箋などに書き留めるといいでしょう。スタッフを観察しながらコミュニケーションを図れば、業務上の困っていること、やりにくいと感じていることをヒアリングする機会にもなります。

## 図表10 ▶ 現場観察を行う3つのツール／標準作業表

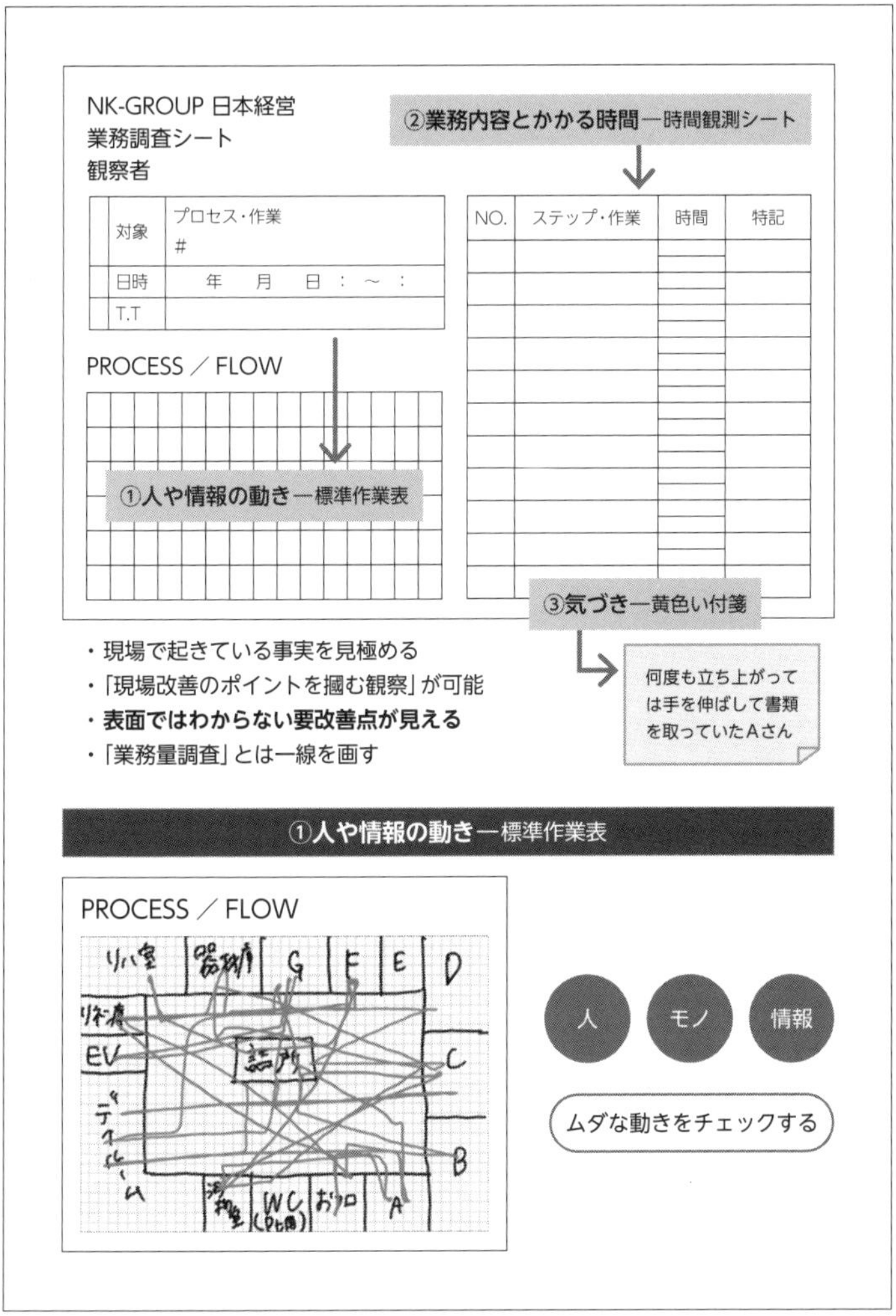

## ステップ②　価値の流れをマッピングする

ステップ①では幹部、管理者を中心に行う現場ラウンドを紹介しましたが、同時に現場スタッフもラウンドをすることで、さらに多くの気づきが生まれます。業務という日常から少し離れ、患者価値という〝眼鏡〟をかけて改めて自分たちの現場を眺めると、違う世界が見えてくることがあるでしょう。こうやってより多くの人たちが現状に疑問を感じ、このままでいいのかと思うことが改善活動の成功土壌をつくります。

ステップ②では、まずＶＳＭ（バリューストリームマップ）という患者の経験の流れを見える化した紙の上に、幹部、管理者、現場スタッフそれぞれがラウンドで気づいたことを付箋に書き出し、反映させるという作業をします。さらに関係者たちが一堂に会し、ラウンドで記録した情報を確認しながら、患者の価値向上のために何ができるか対話し考えます。通常であれば、お互いのやり方を指摘し合うような会話になりがちな場面でも、患者価値と事実を示すＶＳＭを見ながら話し合うことで、患者の付加価値向上のために、自分にできること

## 図表11 ▶ 時間観測シート

**②業務内容とかかる時間**ー時間観測シート

上段は、ステップ・作業の開始時間

| NO. | ステップ・作業 | 時間 | 特記 |
|---|---|---|---|
| ① | カンファレンス | 15:00<br>12分 | |
| ② | 記録 | 15:12<br>3分 | |
| ③ | 電話対応（検査室） | 15:15<br>2分 | |
| ④ | ○○さん捜し | 15:17<br>6分 | 検査室から○○さん（Pt）の迎え依頼があったが、担当Nsインカム応答なし |
| ⑤ | 記録 | 15:23<br>7分 | |
| ⑥ | ナースコール | 15:30<br>3分 | |
| ⑦ | トイレ介助 | 15:33<br>14分 | 物品準備忘れあり、2回ほど往復 |
| ⑧ | リーダーへ報告 | 15:47<br>4分 | |
| ⑨ | 家族へ電話 | 15:51<br>5分 | 夫に電話（仕事でつながらず）<br>母親に電話 |
| ⑩ | 記録 | 15:56 | |
| | | | |

次項開始時間（15:12）ー前項開始時間（15:00）＝前項所要時間（12分）

※中断内容が細々した事象の場合、特記欄に中断回数のみ記入でも可

職員　患者　情報

業務内容・所要時間・気づきを記入

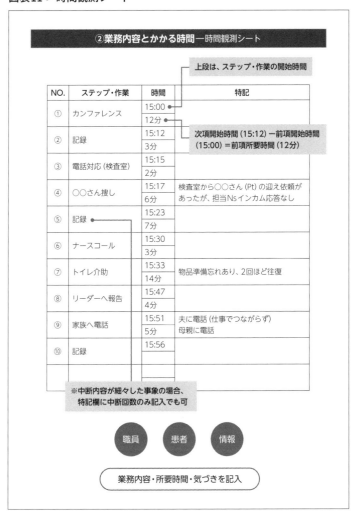

を提案し合う流れをつくることができます。チームとしての基盤を整えるという観点でも、これらのツールは役立つのです。

患者の価値向上に対する意見を集め、さらに付加価値が少ない医療が発生してしまっている理由を考えていくと、スタッフの業務のやりにくさ、プロセスの曖昧さが、ムリ・ムラ・ムダな動きを生み出しているという結論に行きつくことが多いです。驚くべきことですが、どの産業でも同じ「8つのムダ」（図表12）が頻繁に業務プロセス上で確認されます。

## 患者価値と業務を「見える化」する2つのツール

前述したVSMというツールを、さらに詳しく説明していきましょう。

VSMとは、付箋を使って患者の経験の流れを見える化したものです。例えば、入院患者の一日であれば、起床から検温、朝食、検査などの患者の経験を時間軸に沿って書いていきます。すると、そこには移動やナースコールの待ち時間など、「8つのムダ」に代表される、「患者価値につながらない時間」の存在が見えてきます。こうしてまずは、患者価値を意識したうえで、改善の余地

## 図表12 ▶ 医療現場でよく発生する「8つのムダ」

**ムダ① つくりすぎ**
- 数カ月先の予約患者
- 回しきれない
  複数のプロジェクト
- 読み手を無視した過度な記録
- 定時を過ぎてからの記録タイム

**ムダ② 待ち**
- 折り返し電話待ち
- 申し送り待ち
- 待ち時間に別の業務が発生
- 業務中断が多すぎる

**ムダ③ 運搬**
- 物品を何度も取りに行く
- 物品を何度も返しに行く
- 病棟ごとに収納ルールが異なる
- 倉庫とカートの往復

**ムダ④ 加工**
- 院内紹介・外来受診ルールが
  病棟ごとに異なる
- すべてが3重チェック
- 常にチェック返却待ち状態

**ムダ⑤ 在庫**
- 山積みの備品
- 期日を過ぎた掲示物
- 探すのに時間がかかる
- なくなっているのに気づかない

**ムダ⑥ 動作**
- 情報収集しにくい電子カルテ
- 患者情報を一覧表示できない
- 記録を取りにステーションへ

**ムダ⑦ 不良**
- オーダーや記録の不備
- 正しく伝達されない情報
- 確認のため
  つながるまで電話する

**ムダ⑧ スキル／役割**
- 物品補充や管理
- 薬のカウント、
  管理、セット、投薬、運搬
- これは誰ができる仕事？
- これはリーダーの仕事？

がないかを考える機会をつくります。

次に、その下にワークフロー（ＷＦ）という、業務を見える化するツールに付箋で情報を書き加えていきます。業務の流れを書き出すことで、患者にとって付加価値のない時間の原因が業務上の滞りや不具合によるところが見えてきたら、それがなぜ生まれるのか、作成に参加したメンバーそれぞれが意見を出して、業務におけるムダを共有します。

大事なことは、患者が感じている不満や不具合（患者視点）が優先で、それに次いで現場で生じるムダやその理由（業務視点）を挙げるということ。患者視点をしっかり意識しないと、「患者さんが薬のことでドクターに聞きたいことがあるが、ドクターは忙しく不機嫌になると怖いので、患者さんには後でお知らせしますと伝える」という業務上の便宜がまかり通ってしまいます。

あくまでも患者を主語にして、皆で業務を見直すための対話をする。事実を見える化するのは、そのための第一歩なのです。

## 図表13 ▶ VSM価値の流れ図と作成の様子

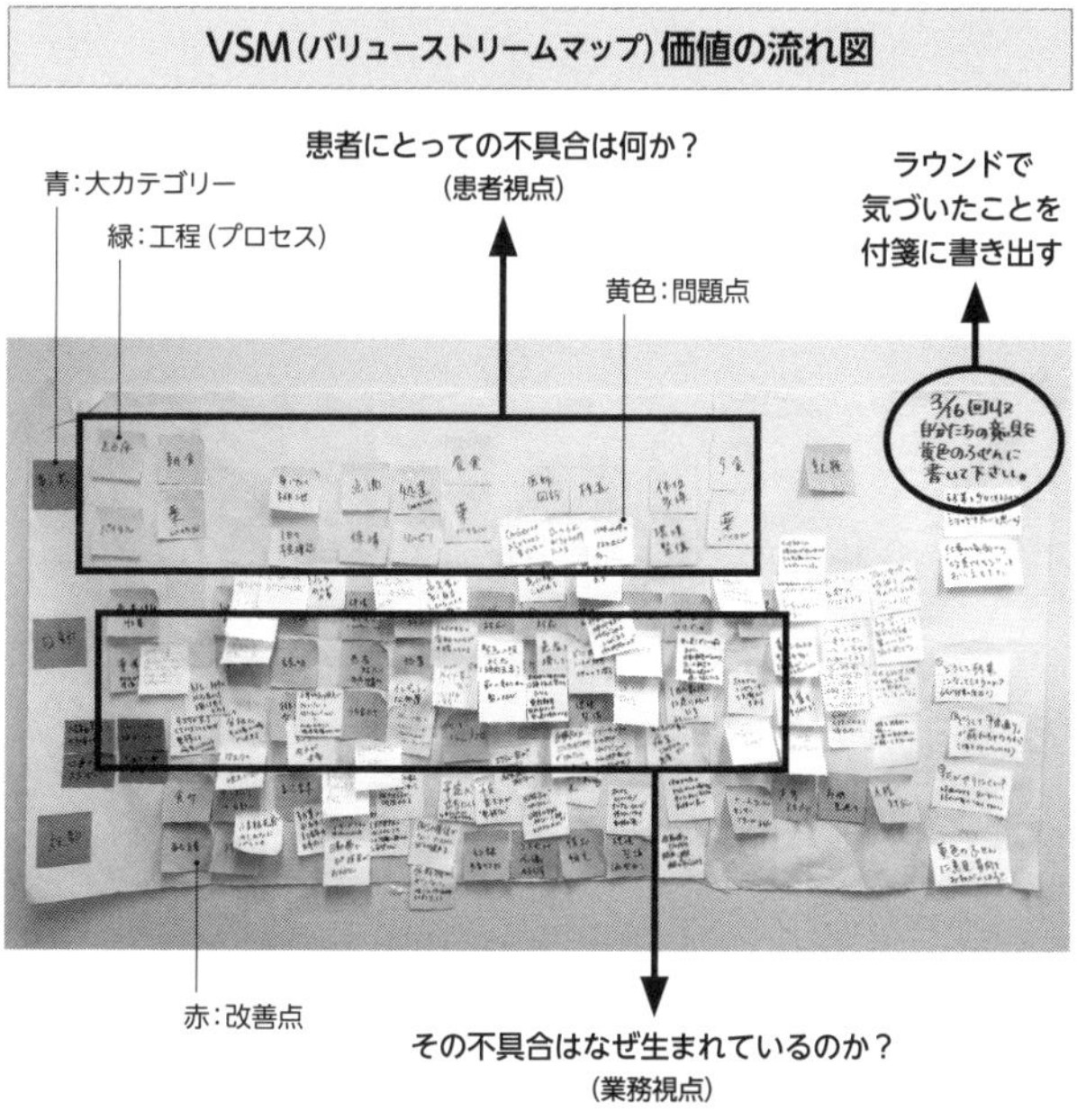


**ポイント** 自分たちの工程（プロセス）ではなく、患者の工程（プロセス）が軸

## 改善活動を設計する

次に、改善活動の計画について話をしていきましょう。

読者の皆さんもお気づきだと思いますが、多くの問題は単発的で、投下型の解決策で変えられず、複雑に絡み合った事情や組織風土に根付くものです。VSMで課題が見えてきても、それを取り巻く環境や事情を整理しなくては先に進めないことも多いのではないかと思います。そこで重要となるのが改善活動の設計です。設計とは、単なる改善提案とは違い全体を俯瞰した視点から、戦略的に必要な取り組みを組み立てていく作業です。これは、「あるべき姿と現状との乖離」を埋める改善活動に対して、組織レベルでの理解と協力を得るための大事なステップでもあります。

計画には2つのレベルがあり、1つが1~3年単位の長期計画（設計）。もう1つが、3か月程度に細分化されたプロジェクト単位の短期計画（企画）です。ここで重要なのは、それぞれの短期計画（企画）を長期計画（設計）に連動させることです。次々と現場で発生する問題の火消しに追われている管理者は、どうしても本質的なテーマへの取り組みが後回しになりがちです。しかし、どれほど多忙であっても、長期計画に連動した短期計画を事前に立てておけば、少しずつでも本質的な問題を解決するためのアクションを起こすことが可能になります。

ステップ①で捉えた現状やあるべき姿をもとに設計書（長期計画書）を作成し、企画書（短期計画書）に落とし込むことで、場当たり的ではない改善活動を成功させることができます。また、設計書（長期計画書）をもとに現場へメッセージを発信し、フィードバックをもらうことは、周囲の理解や協力を得るためにも重要なステップだといえるでしょう。

さらに長期計画と今日の現場を連動させ、他部門や幹部を巻き込むために大きなポイントとなるのが〝コミュニケーション〟です。長期・短期にかかわらず改善計画の実行には自チームだけでなく、他部門や病院幹部との連携が必要な場合もあります。しかし、「このように決まったので対応してください」と伝えるだけでは改善活動は進みません。意思というボールを一方的に投げかける「ドッジボール形式」のコミュニケーションではなく、「キャッチボール形式」

（図表14）でやりとりすることで改善計画はさらに精度を高め、「患者価値を高める」という旗印のもと、関係者の協力を得て組織全体を動かすアクセルとなります。

こうしたコミュニケーションの過程で、私たちが大切にしているのは、改善を始める前の合意形成です。現場の課題意識や負担を踏まえ、取り組むべき改善テーマを選んでいきます。上から押し付けるのではなく、現場を尊重した活動こそがチームに受け入れられ、長期的に改善が文化として定着する鍵となるのです。

## 計画を見える化するコミュニケーションツール

改善設計（長期）から実際の改善活動（短期）を計画する時点で使うツールを2つご紹介します。

1つが、コミュニケーションのツールであり改善活動の根拠となる「A３」と呼ばれる書式（図表15）です。その名の通り、問題定義から解決までの流れを

図表14 ▶ ドッジボール形式とキャッチボール形式のイメージ

Ａ３用紙に書き出していく手法。適切な戦略を設計し、ビジョンを伝えるためのフォーマットだと、私たちは考えています。

具体的な手法としては、まずＡ３用紙に、ステップ①で得られた情報を端的にまとめていきます。改善の流れが紙１枚に網羅されているので、視認性が良く内容が理解しやすいため意見交換が活発になるなどのメリットがあり、上司への報告書や会議の資料として使われます。まさに改善の道のりを描いた地図のような存在です。

Ａ３では改善課題に優先順位をつけます。小さな規模で効果が高いもの、達成可能な目標であるものを選び、１つの課題に対してプロジェクトフォーム（図表16）を作成し、詳細な計画を立ててチームを組んで実行に移します。

医療現場は、日本の医療が抱えるさまざまな課題を肌で感じていることでしょう。経営判断の難しさに加え、働き方改革やエッセンシャルワーカーの不足など、全国の「労働力不足」は全ての医療機関にとっての大きな課題です。

## 図表15 ▶ A3のフォーマット例

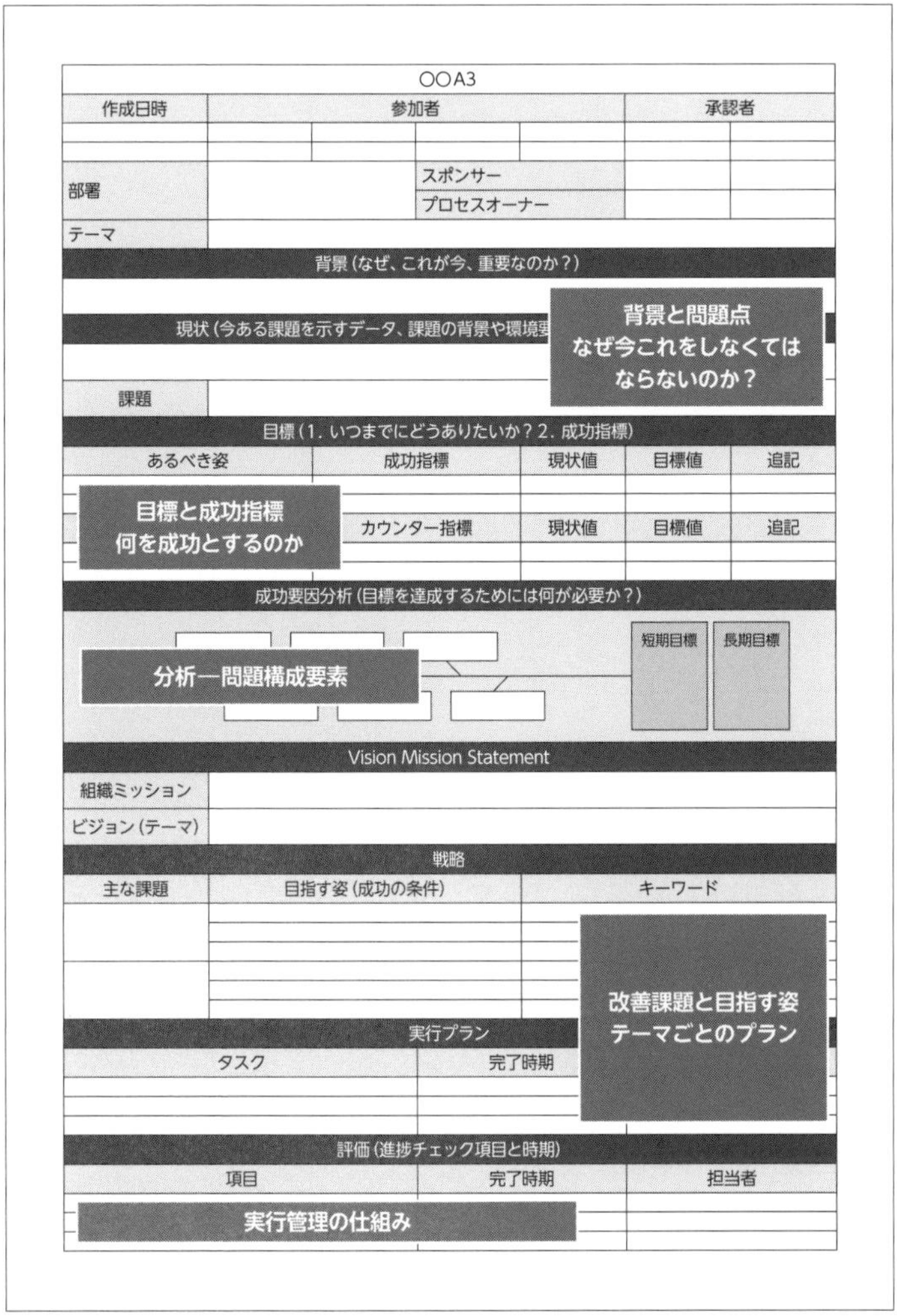
○○A3
作成日時
参加者
承認者
部署
スポンサー
プロセスオーナー
テーマ
背景（なぜ、これが今、重要なのか？）
現状（今ある課題を示すデータ、課題の背景や環境要
課題
背景と問題点
なぜ今これをしなくては
ならないのか？
目標（1. いつまでにどうありたいか？2. 成功指標）
あるべき姿
成功指標
現状値
目標値
追記
カウンター指標
現状値
目標値
追記
目標と成功指標
何を成功とするのか
成功要因分析（目標を達成するためには何が必要か？）
短期目標
長期目標
分析ー問題構成要素
Vision Mission Statement
組織ミッション
ビジョン（テーマ）
戦略
主な課題
目指す姿（成功の条件）
キーワード
改善課題と目指す姿
テーマごとのプラン
実行プラン
タスク
完了時期
評価（進捗チェック項目と時期）
項目
完了時期
担当者
実行管理の仕組み

このような状況の中、全ての取り組みを同時に実行することは難しいでしょう。まずは現場のスタッフ全員が同じ優先順位を共有し、重要な目標や活動に焦点を当てることが重要です。

さらに、経営課題が多い組織では、不安を感じたり、モチベーションが下がるスタッフが多くなったりする傾向があります。だからこそ、現場の閉塞感に対して、責任を持って組織全体がビジョンを共有し、プランを示すことが必要となるのです。上意下達の組織経営の時代は過ぎ去りました。

「看護が好きであること」と、「働く環境に愛着とやる気を持って参画すること」は大きく異なり、そのギャップに現場のスタッフは苦しんでいます。その中で、経営を担う幹部や管理者たちは、自分たちが「変化し続ける組織」であるために、何にコミットすべきなのかを現場スタッフにまで伝えることが常に求められています。

今を変えられるのは、まさにこの本を読んでいる皆さん自身なのです。

## 図表16 ▶ プロジェクトフォームのフォーマット例

<table>
<tr><td rowspan="4" colspan="2">①今回の設定したい改善テーマ</td><td>スポンサー</td><td></td></tr>
<tr><td>プロセスオーナー</td><td></td></tr>
<tr><td>チャンピオン</td><td></td></tr>
<tr><td>部署・チーム</td><td></td></tr>
<tr><td colspan="4">②上位A3（テーマ）</td></tr>
<tr><td colspan="4">③課題</td></tr>
<tr><td colspan="4">④「改善対象プロセス」</td></tr>
<tr><td colspan="4">⑤「改善テーマに関する課題の結果として生じている事実（客観的指標）」</td></tr>
<tr><td colspan="4">⑥設定したテーマを改善することでチームメンバーが得られる恩恵：</td></tr>
<tr><td colspan="4">⑦「改善対象プロセス」に対しての目標・ありたい姿<br>（いつまでに、何を、どうしたいか／方向性）：</td></tr>
<tr><td>⑧評価指標：</td><td colspan="2">⑨現状値：</td><td>⑩目標値：</td></tr>
<tr><td colspan="4">⑪現状と目標との乖離に関する要因分析：</td></tr>
<tr><td colspan="4">⑫⑪を踏まえた改善の視点・アイデア：</td></tr>
</table>

## ステップ③　フロー（流れ）をつくる

Chapter2でもお話ししたように、リーンではまず、スタッフに余裕をつくるための業務改善に取り組みます。

プロセスからムダを取り除き、スタッフの時間的・精神的余裕を生み出す。そうすることで、チームの関係性改善、視野の拡大や視点の転換が可能となり、結果、組織も活性化しさらなる業務改善につながります。

例えばある病院では、医師からの薬剤変更のオーダーが遅れることで、患者への投薬が時間通りにできないなど、看護師が効率的に業務を進められないという問題が発生していました。この解決のために必要なのは「うまくいかないのは、この人がやらないから」という個人の問題にしてしまうのではなく、プロセスとその流れの問題として扱うことです。理想の流れを見える化して、どうしてそれが大切なのか、その先にはどのような影響があるのかをもう一度整理してみましょう。そのうえでオーダーを出す医師やその幹部たちとその重要性について話し合うことが大切です。

## ステップ④　プルの仕組みを確立する（後工程引き取り）

さらに、効率化や医療安全の確保のためには、プロセスの中にあるモノ・業務・情報などの流れを把握し、滞っている箇所を具体的に改善する必要があります。このとき、予定通りに流れていかないモノ・業務・情報を後工程が「引っ張って進める」仕組みを〝プル〟と言います。

例えば、記録が時間内に終わらない場合、次のシフトに入る看護師は事前の情報を電子カルテから収集することができません。伝達すべき情報が揃っていないままシフトに入ることはできないので、別の手段として次のシフトの人が口頭での申し送りを受けることになります。このように、〝プル〟とはプロセス上の流れを補完するような仕組みです。リーンのプロセス改善には、プロセスの「フロー」を担保する視点と、それを補完する「プル」というコンセプトがあり、この2つを組み合わせながら合理的な活動を進めていきます。

また、口頭の申し送りは、情報のばらつき、漏れが起こらないようにするための補完であり、そもそも情報をスムーズに収集するために、シフト交代時までに記録が終わっているということが本質的な改善活動となります。難しい改善テーマではありますが、タイムリーに記録を入力することが次のシフトの人たちの業務を確実で簡素なものとし、残業なく帰れるというＷＩＮ－ＷＩＮな結果を目指すものであることをわかっていただけると思います。

では、このような業務プロセス改善は誰が行うと効果的なのでしょうか。

シフト交代時の情報共有や、申し送りの課題が見えてきたときに、その解決策になりそうなアイデアを持っているのは、現場を知っている人たちだけです。残念ながら、他の病院や病棟でうまくいった解決策も、環境や条件の異なる現場ではうまく根付かないこともあります。

改善活動で大切なのは、現場のスタッフが中心になってアイデアを出し、試行を繰り返しながら最終的な解決策にたどり着くことだと思います。これを私たちは「現場改善ワークショップ」と呼んでいます。

現場改善ワークショップの期間は長くても３ヶ月以内。日常の看護業務に加えてさらに改善活動を行うのは大変なので、極力、活動の企画や準備は簡単に行えることが大切です。進め方や役割分担も最初から決まっているものが良いでしょう。ワークショップを行う際は、現場の負担を減らすことを心がけます。また、単なる成果創出のためだけに改善活動はあるのではないということを覚えておいてください。

改善活動は、自らアイデアを出し、試行錯誤しながら1つの解決策をつくり上げる過程が楽しく、またその成果が患者や仲間に感謝されるものでなければ、誰も積極的に取り組もうとは思わないでしょう。もし、これまで改善活動を負担に感じていて辛いものというネガティブなイメージがあったとしても、それを払拭するような経験ができれば、それだけでも組織にとって大きなプラスになるはずです。

難しい課題に一緒に取り組むことで生まれる新しい対話や関係は、日頃の業務の中では得られない意味深いものですし、改善できたときの喜びが次の改善活動へのエネルギーになるのではないでしょうか。

## ステップ⑤　完璧を追求する

現場改善ワークショップで行うのは、アイデアを出したり、改善策を試したりすることだけではありません。リーンでは「ミスを起こすことを知っていながら、プロセスや仕組みの改善に着手しなかったことが悪い」と考えます。だからこそ、不安定で曖昧さの残るプロセスを見直し、ＰＤＣＡを回しながら〝仕組みに落とし込んで〟標準化し、確実に定着させることが重要です。

しかし、定着まで行きつかず、途中で立ち消えてしまう改善活動を多くの方が経験したことがあるのではないでしょうか。これを経験して一番傷つくのは、そこに関わって一生懸命活動をしてくれた現場のスタッフです。「もうやりたくない」「何をやっても変わらない」という声が聞こえてきそうです。

### ＰＤＣＡの欠如

変化を仕掛ける改善活動には、常にこのような立ち消えのリスクが伴います。まさに、ＰＤＣＡのＰ（Plan＝計画）、Ｄ（Do＝実行）という「プロジェクトマネジメント」までをやって、Ｃ（Check＝確認）とＡ（Act＝是正）の「運用管理」がで

図表17 ▶ PDCA

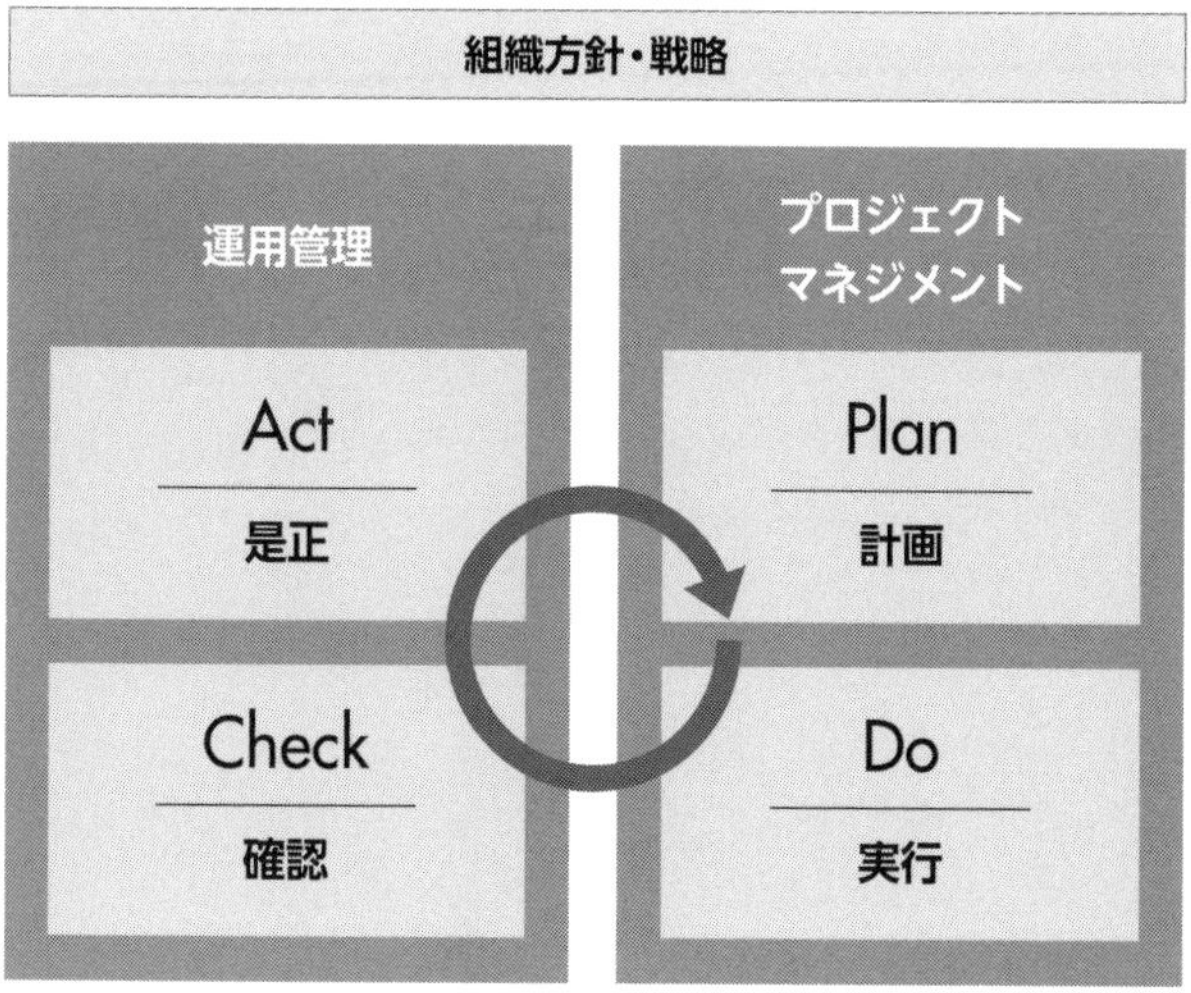

きない状態です。私たちの経験から、改善活動で成果ができない理由の9割が「C・Aの不在」、残り1割が解決策が不発に終わることです。

これほど大切なC（確認）、A（是正）がうまくいかない理由は3つ。

1つ目は、プロジェクトの進捗管理者がいないこと。これは本来成果に責任を持ちプロジェクトの進捗を管理すべき管理者が、その役割を知らないということです。2つ目の理由は、プロジェクトの進捗を報告したり管理したりするという習慣と仕組みがないこと。

そして最後は、そもそも改善を始める時点で、何が成功の指標であるか、どうなりたいのかが明らかでなく、解決策の効果があったかどうかを確認しきれないでいるからです。

わかっているようで、わかっていないPDCA。せっかくの改善活動が「やりっぱなし、無関心、成果なし」にならないように、取り組む前にPDCAを回すとはどういうことか見直してみる価値はあるのではないでしょうか。

## 図表18 ▶ 目で見る管理

| 分野 | 責任者 | プロジェクト／テーマ | 具体的施策（内容） | 担当者 | 1Q(10-12)目標 | 2Q(1-3)目標 | 3Q(4-6)目標 | 4月4日 | 4月11日 | 4月18日 | 4月25日 |
|---|---|---|---|---|---|---|---|---|---|---|---|
| ① | A | ―――――――<br>―――――――<br>――― | ―――― | A | ―――― | ―――― | ―――― | ――――― | ――――― | ――――― | ――――― |
| | | | ―――― | A | ―――― | ―――― | ―――― | ――――― | ――――― | ――――― | ――――― |
| | | | ―――― | C | ―――― | ―――― | ―――― | ――――― | ――――― | ――――― | ――――― |
| | | | ―――― | A | ―――― | ―――― | ―――― | ――――― | ――――― | ――――― | ――――― |
| | | ―――――― | ―――― | D | ―――― | ―――― | ―――― | ――――― | ――――― | ――――― | ――――― |
| | | ―――― | ―――― | E | ―――― | ―――― | ―――― | ――――― | ――――― | ――――― | ――――― |
| ② | B | ―――――――<br>―――――― | ―――― | B | ―――― | ―――― | ―――― | ――――― | ――――― | ――――― | ――――― |
| | | | ―――― | D | ―――― | ―――― | ―――― | ――――― | ――――― | ――――― | ――――― |
| | | ―――――― | ―――― | C | ―――― | ―――― | ―――― | ――――― | ――――― | ――――― | ――――― |
| ③ | C | ―――――――<br>―――――――<br>―――――――<br>―― | ―――― | A | ―――― | ―――― | ―――― | ――――― | ――――― | ――――― | ――――― |
| | | | ―――― | A | ―――― | ―――― | ―――― | ――――― | ――――― | ――――― | ――――― |
| | | | ―――― | C | ―――― | ―――― | ―――― | ――――― | ――――― | ――――― | ――――― |
| | | | ―――― | A | ―――― | ―――― | ―――― | ――――― | ――――― | ――――― | ――――― |
| | | ―――――― | ―――― | D | ―――― | ―――― | ―――― | ――――― | ――――― | ――――― | ――――― |
| | | ―――――― | ―――― | E | ―――― | ―――― | ―――― | ――――― | ――――― | ――――― | ――――― |
| ④ | D | ―――――――<br>―――― | ―――― | B | ―――― | ―――― | ―――― | ――――― | ――――― | ――――― | ――――― |
| | | | ―――― | D | ―――― | ―――― | ―――― | ――――― | ――――― | ――――― | ――――― |
| | | ―――――― | ―――― | C | ―――― | ―――― | ―――― | ――――― | ――――― | ――――― | ――――― |
| ⑤ | E | ―――――――<br>―――――――<br>―――――――<br>―― | ―――― | A | ―――― | ―――― | ―――― | ――――― | ――――― | ――――― | ――――― |
| | | | ―――― | A | ―――― | ―――― | ―――― | ――――― | ――――― | ――――― | ――――― |
| | | | ―――― | C | ―――― | ―――― | ―――― | ――――― | ――――― | ――――― | ――――― |
| | | | ―――― | A | ―――― | ―――― | ―――― | ――――― | ――――― | ――――― | ――――― |
| | | ―――――― | ―――― | D | ―――― | ―――― | ―――― | ――――― | ――――― | ――――― | ――――― |
| | | ―――――― | ―――― | E | ―――― | ―――― | ―――― | ――――― | ――――― | ――――― | ――――― |

**問題なし**　目標に向かって概ね順調に進んでいる

**未来不安**　問題ありというほどではないが、順調でもない

**問題あり**　予定通りに進んでいない。停滞、何らかの問題が生じ目標達成に懸念がある

さて、このように改善活動が積み重なることで、長期計画、つまり変化に向けてのロードマップが少しずつ実現してくるでしょう。しかし、このChapterの冒頭で述べたように、その場しのぎの問題解決ではなく、現場スタッフが変化を受け入れ、自分ごととして課題を見つけながら、自ら改善活動を起こしていく「組織づくり」を目指すとなると、時間がかかります。

長期間にわたって、持続可能な改善活動を促進していくためには、看護師たちがロードマップを着実に歩き続けることができる「環境・仕組み・人づくり」が求められます。その実現のために活用できる手法を紹介しましょう。

**目で見る管理**

環境・仕組み・人づくりに効果的なのが「目で見る管理」です。実行中の改善テーマ、施策の内容、責任者や担当者、期間ごとの目標、1週間ごとの進捗状況などを1枚の表に書き出すことで、管理状態を「見える化」するのです。各セルを進捗状況ごとに色分けすることで、順調か否か、問題が生じているかが一目で把握できます。こうすることで現場は今の状況を色で示すだけで報告ができ、それに対して問題ありとわかれば、管理者は担当者とミーティングの機会を設けるなど、大きく遅れることなく元のペースにむけて速やかに支援の手を伸べることができます。

## 組織の〝車輪〟をうまく回すには

皆さんは成果の出ない改善活動をどう思いますか？　実際に熱意と時間をもって関わった人たちは時間のムダだったと感じるでしょうし、次に改善活動を行うときも、同じような結果になるのではないかと先に進むのをためらうようになるでしょう。だからこそ、成果の出る改善活動をすることは、割いた労力や時間へのリターンだけではなく、長期的に取り組む機運づくりのためにとても大切なのです。

### 戦略の妥当性×実行の徹底

私たちのようなリーンコンサルタントは、組織の健康度を見るときに大きく２つの視点で診断をします。１つ目の視点は戦略の妥当性が担保されているか、経営者や幹部レベルが正しい情報に基づいた戦略策定をしているか、組織の中にあるリソースを理解し的確に配分しているかを確認するもの。２つ目はその戦略が実行に移され徹底されているか、またそれができるだけの組織体制、組織風土はあるか、現場からの声はきちんと戦略立案をする人たちに届いているかといった視点です。

「変化できる組織づくり」に注力する私たちリーンコンサルタントは、経営戦略こそつくりませんが、方針や戦略を立て、方針展開できる組織体制になっているのか、それを実行できる現場管理者がいるのか、変化を起こすための仕組みや文化ができているか、などを診断しながら進め方を提案していきます。

現場で起きている真実を知っているのは、経営者や幹部ではなく、現場スタッフ。どれだけ立派な戦略が立てられても、それを実行するのも現場です。

改善活動とは、戦略の実行ツールです。ＰＤＣＡというサイクルを回しながら、現場のプロセスやチームの関わり方を変えることで、成果を出すための仕組みなのです。現場スタッフや現場管理者が行う改善活動は変化の車輪であり、彼ら・彼女らが成功することで明日が変わっていくのだと考えれば、どれだけこの取り組みが大切であるかわかっていただけることでしょう。

図表19 ▶ 逆三角形の役割分担

人材育成
目標達成
現場課題の発見
現場スタッフ
プロとしての職務遂行
問題解決
イノベーション発案・参加・実行
現場リーダー
質を支える監督者
技術の指導
チームとりまとめ
正確で迅速な報・連・相
変化を仕掛ける
次期リーダーの発掘・育成
管理者
日常運営の安定
イノベーションへの貢献
目標・事項管理
成果責任
組織文化の形成
将来的な価値構築
仕組みづくり
幹部
方針・戦略の策定
リソース確保
障害の排除

さらに、成果が出る改善活動を行うために、身近で簡単に取り組めること。それが、幹部や管理者による「進捗成果管理の徹底」です。たとえ成果が出ない改善活動であっても、失敗を丁寧に振り返り、そこからまたＰＤＣＡを回すサイクルを支える人がいたとしたら、現場は決して「もうやらない」とはいわないのではないでしょうか。

あわせて、それぞれの役割を果たすことが大切になります。どんなに素晴らしいビジョンがあっても、それを実現するために現場の人たちがアイデアを出し合い、行動に移さなくては何も起こりません。

図表19の逆三角形の構図が表しているのは、幹部・管理者が現場を支えるという役割体制です。つまり、現場が変化を起こそうとしたときに、その障害になることを取り除くのが幹部・管理者の役割だという考えが示されています。これは、Chapter2で触れたサーバントリーダーシップを理解する管理者たちの存在があってこそ実現できるでしょう。

現場管理者にはさまざまな役割がありますが、改善活動においてはメンバーを巻き込んで行動し、それを確認して是正するＰＤＣＡサイクルをしっかり機能させるスキルが求められます。このスキルを高めるには実践あるのみ。小さな改善活動を繰り返しながら、コミュニケーション能力や、問題を分析し解決する力、人間関係を構築する力、さらにはファシリテーションやタイムマネジメント、交渉力、企画力などのビジネススキルが育成されます。

## コッターが提唱した「8つのアクセラレーター」

前述したリーン思考5つのステップを、より組織変革の視点から見ていきたいと思います。ここでは、組織変革の理論として有名な、ジョン・P・コッターが提唱した「8つのアクセラレーター」をリーン思考5つのステップに照らし合わせながら考えてみます。

まずは「8つのアクセラレーター」について見ていきましょう。これは組織変革を迅速かつ効果的に進めるための促進要因を示したモデルです。このモデルは変化のスピードが増す現代において、従来の階層的なトップダウンのアプローチに代わるもの、というコンセプトで提唱されました。

**アクセラレーター❶　危機感を生み出す**

現地現物・現場ラウンドを実施することで、現状の組織に対する問題意識を高め、「なぜ変革が必要なのか」という価値の再確認をすることができます。

価値に気づかないまま進む変革は、いずれモチベーションを失い、惰性に流された活動になる危険があります。

**アクセラレーター❷　変革主導チームを築く**

幹部や現場管理者がそれぞれの役割を認識し遂行することで、組織全体に影響を与えるリーダーシップが発揮できるようになり、変革の推進力が生まれます。ここで鍵になるのは、ビジョンを支えるメンバーの意識統一とチームビルディングです。

**アクセラレーター❸　戦略ビジョンと変革施策を策定する**

主導チームが中心となり、変革がどこに向かうべきか、対話のキャッチボールを通じたA3作成によって明確な方向性を示します。これは、リーン思考でいう価値を見極め、あるべき姿を描くことに相当します。ビジョンがはっきり

図表20 ▶ 8つのアクセラレーター

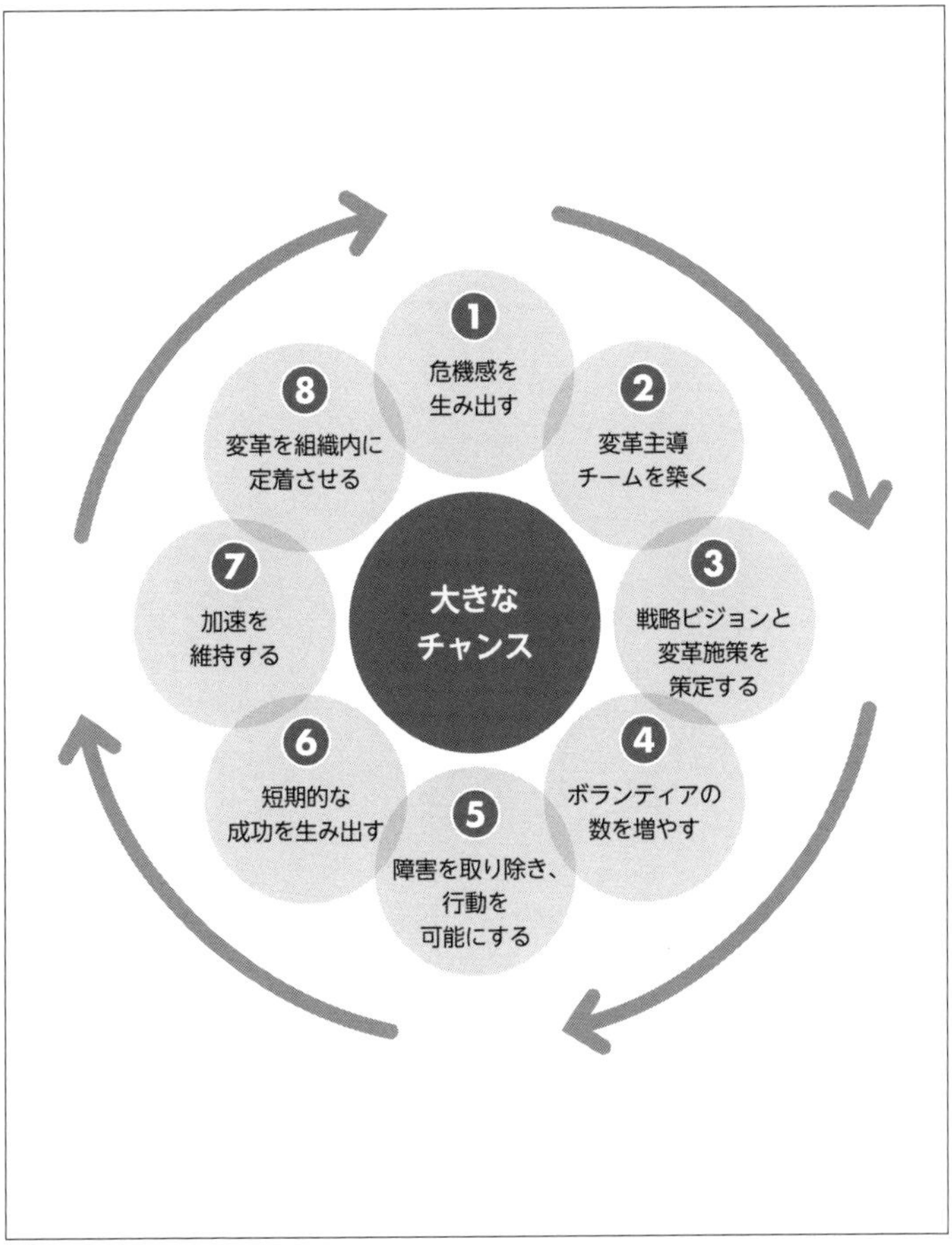

していなければ、従業員は何に向かって進むべきか迷ってしまいます。

## アクセラレーター❹ ボランティアの数を増やす

策定したA3をスタッフ全体に発信することで、多くのスタッフがそのビジョンを理解できるようになります。さらに、リーンで大切にしているのはドッチボールではなくキャッチボール、つまり現場との合意形成というステップを取り入れることです。一人ひとりが内発的に関わった時、自分の行動にどう結びつくかを知り、より主体的な行動を起こすことができるのです。

## アクセラレーター❺ 障害を取り除き、行動を可能にする

リーン思考におけるプロセスの流れを最適化するという概念に通じます。ここでは、現場スタッフがより効率的に働けるように、既存のルールや慣習、障害となる要因を取り除くことが重要です。不要なプロセスや不合理なルールを削減することで、変革に向けた行動が加速されます。

リーンのステップ④で述べた「プルの仕組み」を導入することで、必要なリソースの配置やタスクシェアなどの、需要に応じた行動を促進していきます。

### アクセラレーター❻ 短期的な成功を生み出す

小さくても皆が喜ぶ、必ず成功できる改善から始めるのは、勢いに乗るために大切な戦略です。フローをつくりプルの仕組みを確立して、プロセスの流れを改善することが「リーン的あるべき姿」ですが、それ以上に、どこに短期的なゴールを設定して成功体験を提供できるかを見極めることが重要です。そうすることで、モチベーションも上がり、これまであまり協力的でなかったスタッフが「結構いいかもしれない」と思ってくれることで変化が生まれていきます。

### アクセラレーター❼ 加速を維持する

この段階では、短期的な成功に安住することなく、さらなる変革を促進していきます。その際に重要となるのが、「継続的改善（カイゼン）」の精神。一度成功したからといって止まるのではなく、その成功を次のステップに活かし、さらなる変革を進めることで組織全体の改善速度を加速させます。

### アクセラレーター❽ 変革を組織内に定着させる

変革を組織内に定着させることは、最終的にリーン思考のステップ⑤で述べた「完璧を目指す」という概念と一致します。変革が一過性のもので終わらず、組織の新しい常態（デフォルト）となるためには、文化として定着させることが重要です。

変革が組織のDNAに組み込まれ、日常のプロセスの中に自然に組み込まれるまで、リーダーシップを取っている幹部や管理者はその文化を維持し続ける役割があります。

## 5つのステップをコッター理論に当てはめる

コッターが提唱した「8つのアクセラレーター」は、リーン思考の5つのステップを補完し、組織変革を加速させるために重要な役割を果たします。例えばステップ①「価値を特定する」は、アクセラレーター❶「危機感を生み出す」と深く関連しており、現場スタッフが変革の必要性を自覚し、行動を起こすための基盤となります。また、アクセラレーター❷❸❹は、リーン思考のステップ①「価値を特定する」から②「価値の流れをマッピングする（価値の流れを見え

## 図表21 ▶ 5つのステップとの関係

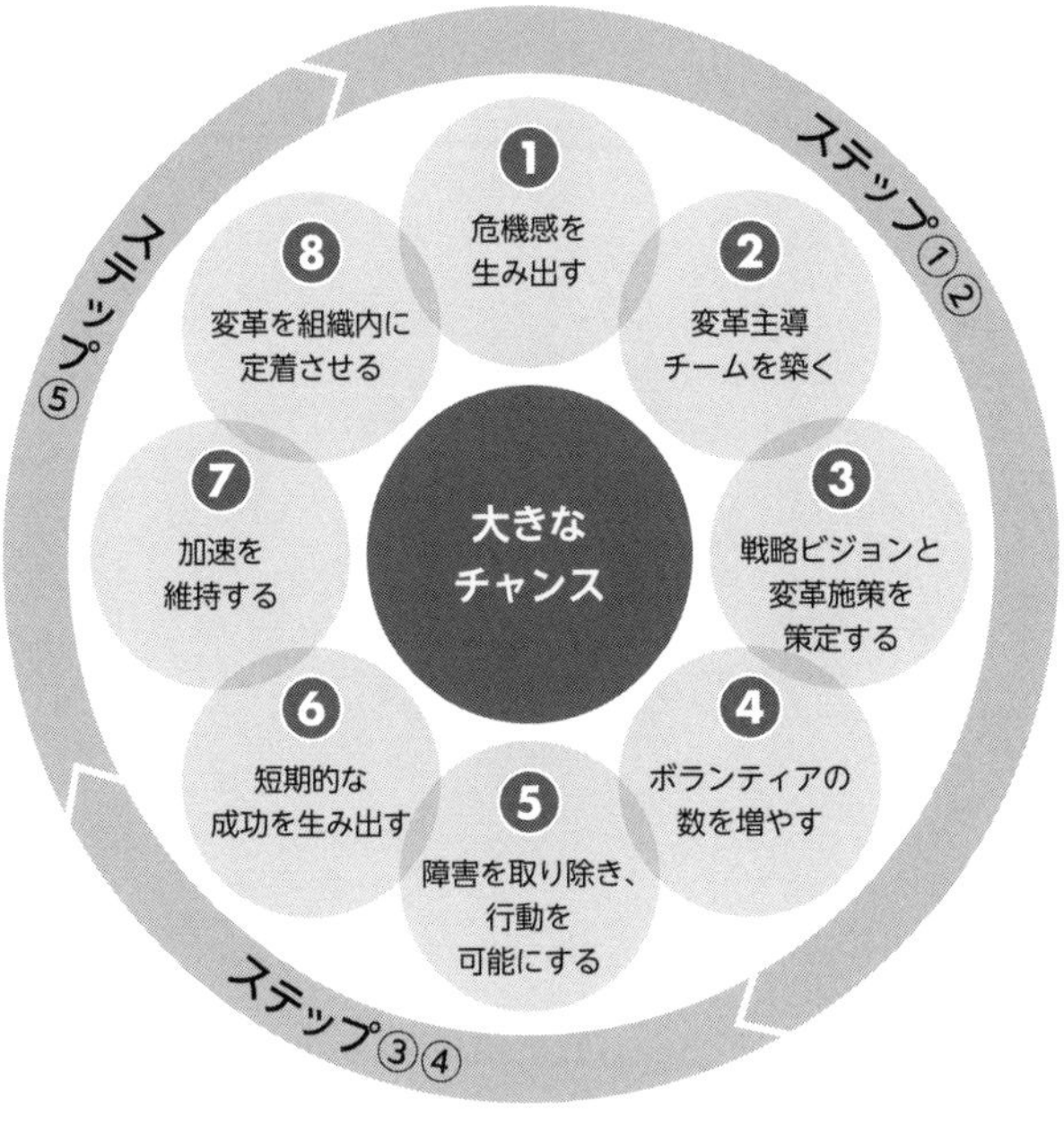

る化し、改善の計画を立てる)」までに対応します。

同様に、アクセラレーター❺❻は、リーン思考のステップ③「フロー(流れ)をつくる」とステップ④「プルの仕組みを確立する(後工程引き取り)」に、アクセラレーター❼❽はリーン思考のステップ⑤「完璧を追求する」に対応します。これらの関係性を示したのが図表21です。

このように、リーン思考の5つのステップと8つのアクセラレーターが互いに深く結びついていることを意識しながら改革に取り組むと、組織は持続的な競争力を保ち、外部環境の変化に柔軟に対応し続けられるようになります。組織が変化し続けるためには、全員が変革に関与し、継続的な改善を追求する文化を築くことが不可欠です。

最終的には、組織が持続的な競争力を持ち、外部環境の変化に柔軟に対応し続ける「変化し続ける組織」へと成長します。このような組織では、変革が常態化して常に改善を追求し続ける文化が根付くため、どのような時代にも適応可能な強い基盤が形成されます。

# Chapter 4

# 改善の第一歩は「ボトムアップ」

私たちリーンコンサルタントが、改善活動の支援するにあたって、まず行うことは「組織のアセスメント」です。現場の師長やスタッフ、関係者の方々と密に対話を重ね現状を把握していきます。その中で、多くの現場で共通する問題の背景には、いくつかの組織構造上のパターンがあることが見えてきます。

具体的には、看護部が何を問題に感じているか?という問題解決の視点だけでなく、そうした問題を生み出している組織構造上のゆがみや不足に注目します。問題が起こった原因や組織全体の課題に向き合わなければ、同じような問題が繰り返される恐れがあるからです。

組織変革は、ボトムアップの取り組みで現場から変えていく部分と、トップダウンで組織構造を見直していく部分の合わせ技でなされます。問題解決を現場に「丸投げ」してしまうと、結果的に改善へのモチベーションを下げてしまいかねません。

改善の第一歩はボトムアップから。それは決して「現場にやらせればいい」ということではなく、「どうしたら現場が活力を取り戻すか」に組織全体が注力しなくてはいけないのです。

「変化し続ける組織」になるには、どのような推進体制がいいのか。また、幹部と管理者のリーダーシップや内部での関係性はどうなのか。それらの点を見ていきます。やみくもに改善活動に着手するのではなく、それらの情報をもとに、組織の変革ステージに合った改善のテーマや進め方を戦略的に組み立てて取り組みます。

## まずは〝土台〟を構築する

ここからのChapter4～6では、図表22の変革ロードマップに沿って、異なるステージにある5つの事例を紹介しながら、それぞれの具体的な改善活動について解説していきます。

まずは変革ロードマップを進める前に、活動を行ううえで押さえておきたいポイントや考え方を解説していきます。

リーンコンサルタントに看護部の問題解決を依頼する――。そのきっかけのほとんどは、人員不足、その状況に拍車をかける看護師たちの離職です。

多くの病院では、採用活動の強化や、業務効率化ツールの導入、賃金制度や勤務体制の変更、看護師が働きやすいように院内保育所を設置するなど、すでにその問題に対して、自らさまざまな施策を試みています。特に、看護師たちにとって身近な問題である、職場環境の改善や業務効率化には絶えず取り組んでいるのではないでしょうか。

しかし、それらの施策を実行するために、多くの場合、師長が現場の看護師に気を使って、絶えず走り回っています。多忙な毎日を送る師長は現場スタッフ以上に疲弊してしまい、知らず知らずのうちに自らがボトルネックになっていることに気づいていません。また、師長がそれだけの労力を費やして施策に取り組んでも、看護師が離職していくのは、組織の体質や仕組みが対応しきれていないからでしょう。

・今までのやり方を変えることに抵抗があり、改善活動が負担になっている

## 図表22 ▶ 変革ロードマップ

| | |
|---|---|
| **ステージ1**<br>**現場改善**で<br>はじめの一歩を踏み出す | ・参画を促し、現場の声を活かした改善活動を成功させる |
| **ステージ2**<br>**実行徹底、横展開**など<br>改善活動を拡大するための<br>基盤となる体制を整える | ・実行徹底のための管理力をつける<br>・現場の管理者育成<br>・活動の再現性 |
| **ステージ3**<br>病院の方針、重点項目など<br>経営の成果につながる<br>改善活動の**方針展開**を行う | ・方針展開の仕組みづくり<br>・組織横断型の活動を支える場づくり |
| **ステージ4**<br>未来につながる<br>**価値創造**を行う | ・新しい発想、工夫に加え、テクノロジーや外部リソースなどを掛け合わせることで、次の価値を創るための改善を行う |

・看護部内部で解決しなければならないという強いマインドセット、ストレスがある
・改善活動は成果を出すことだと思っている

このような組織では、改善の土台が整っていません。そんな組織にトップダウンで解決策を投下しても、機能不全になってしまうのは明らかです。まして効率化のためといって改善活動を現場に任せきりにするなど、もってのほかです。

まず変革に大切なことは、改善の土台をつくっていくこと。現場の声を活かした改善活動を仕掛けることで参画を促し、成功体験を与えることによって、組織の中に「今までのやり方を変える」ことに対する前向きなイメージと、時間の余裕をつくり出すのです。

## 組織体質を変えなければ定着しない

〝改善の土台をつくる〟ことの重要性について、もう少し詳しく説明しましょう。

皆さんはすでにご承知だと思いますが、離職は、その理由が複合的で個別性も強いため、表面的な施策では解決しにくい課題です。だからこそ、この問題を解決するためには、根本的な組織体質の改善が必要となります。「ある施策を実践した」「このシステムを導入した」というだけで突然解決する問題ではありません。体質改善には時間がかかるのです。今いるステージに合わせて、根気良く課題に向き合っていくことが求められます。

## 現場の声を活かした改善活動を仕掛ける

そもそも、現場の声を活かした改善活動とは何のことを指しているでしょうか。振り返ってみてください。

あなたの病院の施策は、幹部・管理者が実際に現場を訪れて考えられたものでしょうか？　また、現場で働く看護師たちが「この課題への対応を求めていた」と思えるものですか？　改善活動が定着しない原因は、実は現場が求めているものではないからかもしれません。

繰り返しになりますが、改善活動を根付かせ、組織を変えていくためには、現場の声を反映させた正しい改善テーマを選定することが大切です。そのためには、何をすれば良いのでしょうか。管理者が実際に現場へ行き、その目と耳で実際を把握することはもちろん必要です。しかし、それだけでは、現場の意見を吸い上げ切れていないことがあるでしょう。ここでおすすめしたいのがChapter3でも述べた、問題を可視化する課題抽出のためのツールＶＳＭ（バリューストリームマップ）。ＶＳＭを使えば、広く全体を捉えた視点から現場との対話を繰り返えすことができます。

ＶＳＭの作成をするときには、ぜひ現場の人にも参加してもらい、生の声を収集してください。そうすることで、なかなか声を出せなかったスタッフも次第に意見が言えるようになり、のちに改善活動への参画意識が醸成されていきます。そうやって完成したＶＳＭを分析していくと、現場が本当に求めている問題解決が浮かび上がってきます。

**現場改善を通して参画を促す**

現場が求めている正しいテーマを選定することができたら、次は実際に改善活動をスタートさせていきます。

ここで進行の妨げとなるのが、改善活動への反対勢力です。今までのやり方を変えることに、抵抗があること自体は悪いことではありません。前にも述べていますが、改善の土台が整っていない組織体質が、そのようなマインドを生んでしまうのです。

改善活動をスタートさせるときのポイントは、組織変革の「3：4：3の法則」を理解すること。これは、意欲的で関心が強いのは3割のみ、4割の人は様子を見ながら立ち位置を図り、変化に好意的ではない人が3割いるというダイナミクスを表したものです。

しかし、好意的ではないとされる3割が経験も長く影響力が大きいと、残りのメンバーがその影響を受けてしまうことがあるでしょう。そうした状況を防ぐための重要なポイントは次の3つです。

・リーダーがしっかりとした方向性を考えて、積極的に動く3割のメンバーに科学的に証明された〝正しい〟改善手法を伝え、実行してもらう

・実行には、4割のメンバーも巻き込みながらスピード感を持って進める
・好意的ではない3割のメンバーを「できない人」とのけ者にしない

いきなり全員を巻き込むことに労力をかけず、まずは好意的な3割の協力者を巻き込むことから始めるのがコツなのです。

## 小さな成功体験を積み重ねる

改善活動に好意的ではない3割には、どのようにすればわかってもらえるのでしょうか。その鍵は、改善活動がもたらす「小さな成功体験」です。何かしらの良い変化を感じたり、数字としてそれが明らかになったりすることで、変わることができたという自信になります。その成功は、組織全体の時間や気持ちにも余裕を生み、他には何ができるか、自分たちも取り組んでみようというマインドへシフトしていきます。また、改善活動に好意的な3割のモチベーションを維持したり、様子をうかがって立ち位置を決める4割の人たちをさらに巻き込んだりするためにも、まずは小さくてもいいので短期間で達成できる成果を目標に進めてみることです。

私たちの経験では、変化に抵抗する人たちは何らかの理由と根拠を胸に抱いています。そのような人たちほど、実は自分たちの職場や仕事にこだわりをもっていることも稀ではありません。

ですので、好意的ではない3割をのけ者にせず、よく話を聞いてみたいものです。「早く改善したい」と焦る気持ちもよくわかりますが、無理強いはせず、根気強く関わり続けることで、誰もが「変わりたい」と思える組織に変えていく余裕が必要です。さらに、「とりあえずやってみよう」という現場の意思を、幹部や管理者が支えてあげることも大切です。

ではここからは、図表22で示した「ステージ1」にいた病院の改善活動の事例をご紹介します。具体的にどのようなことに取り組んだのか、そして、改善後にどのような反応があったかを見ていきたいと思います。

Case 1

# 動線を見直し歩行のムダを省く――A病院

A病院の混合病棟。看護師たちが「あの病棟へ異動になるなら辞めます」と言うほど多忙を極める現場として、院内でも有名でした。この病棟の看護師の目標は「今日一日を何事もなく終わらせること」。業務量が多いため、帰宅後の家事や育児もままならず、疲れ切ったまま勤務が続いていました。疲労の蓄積で離職が相次ぎ、人員不足で現場の負担がさらに増えてしまう。そんな負のスパイラルに陥っていたのです。

疲れ切った状態では、やりがいを持って看護を行うことは困難です。

このままではさらに人が辞めてしまうという危機感から、改善のテーマは「患者ケアの質向上」でも、「やりがいのある看護」でもなく、ズバリ「負担を減らす」。まさに現場スタッフが実際に感じていた喫緊の課題を取り扱うことになりました。業務の負担を減らし、しっかりと休息が取れるよう、特に「身体的な負担の軽減」「残業時間の削減」を改善テーマに据え、実際の活動が計画

## 図表23 ▶ ある看護師の改善前の一日のスケジュール

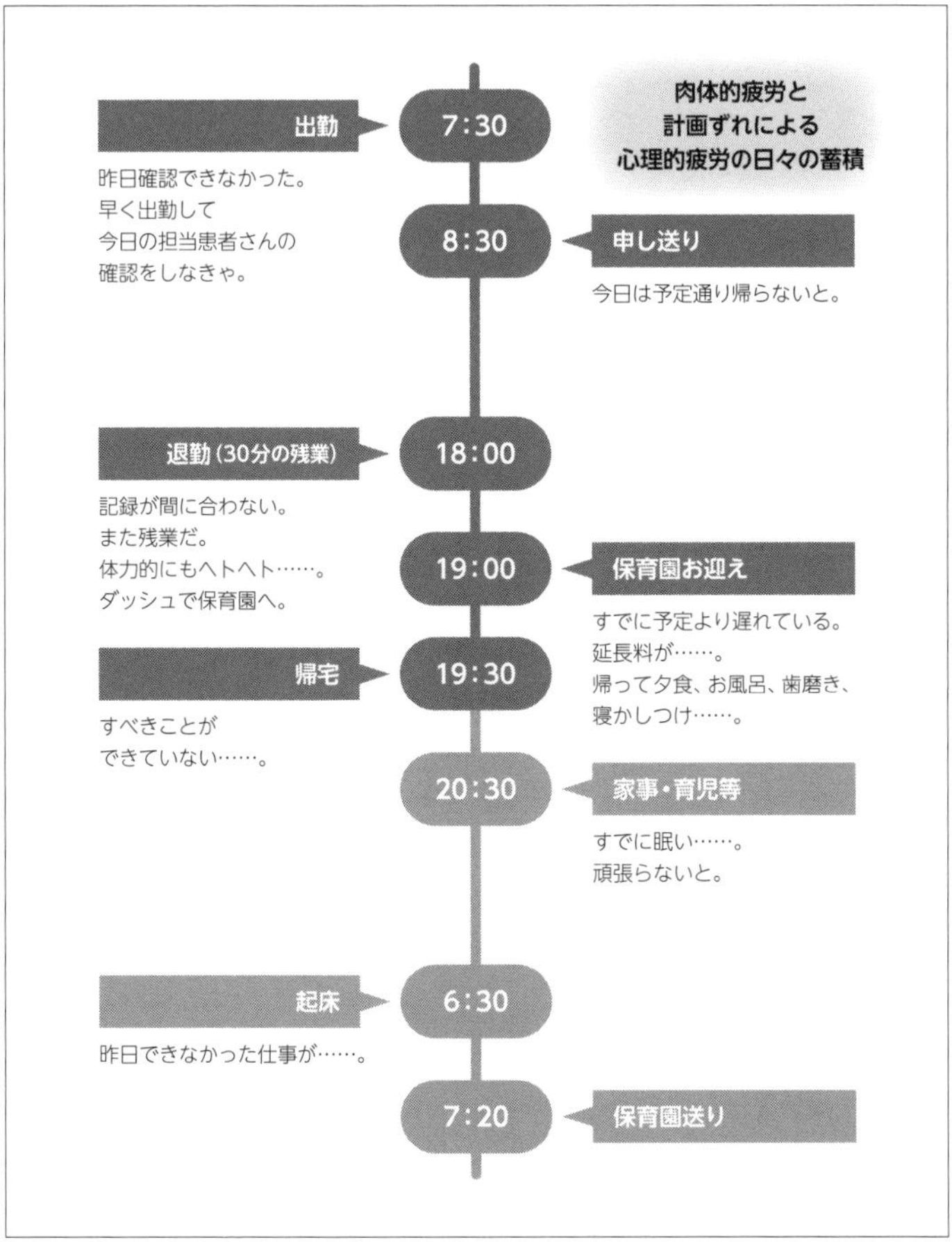

されていったのです。

A病院では改善の第一歩として、まずチームが現場ラウンドを行い、標準作業表と時間観測シートを用いて現場看護師の一日の動きを緻密に記録。同時に、万歩計を使って歩数の計測を行いました。看護業務の過程でどんなに忙しく歩き回っていたとしても、「歩くこと」そのものには価値がありません。そこで病棟内での動きを見える化し、ムダな移動を探し当て、そのムダを省く対策を立てていきました。

見える化された一日の動線を読み解くと、さまざまなムダがあり、それぞれに理由があることに気づきます。例えば、倉庫と病室を何度も行き来しているのは、必要なものをあらかじめ整理してナーシングカートに載せていないから。不必要な記録業務がなされているのは、記録すべき事項が定まっておらず、個人で判断しなくてはならないから。このほか他職種との連携が取れていないため、確認やフォローのための動きが多いことも判明しました。

ムダの原因が明らかになれば、あとは改善チームをつくって役割を決め、P

図表24 ▶ ある看護師の改善後の一日のスケジュール

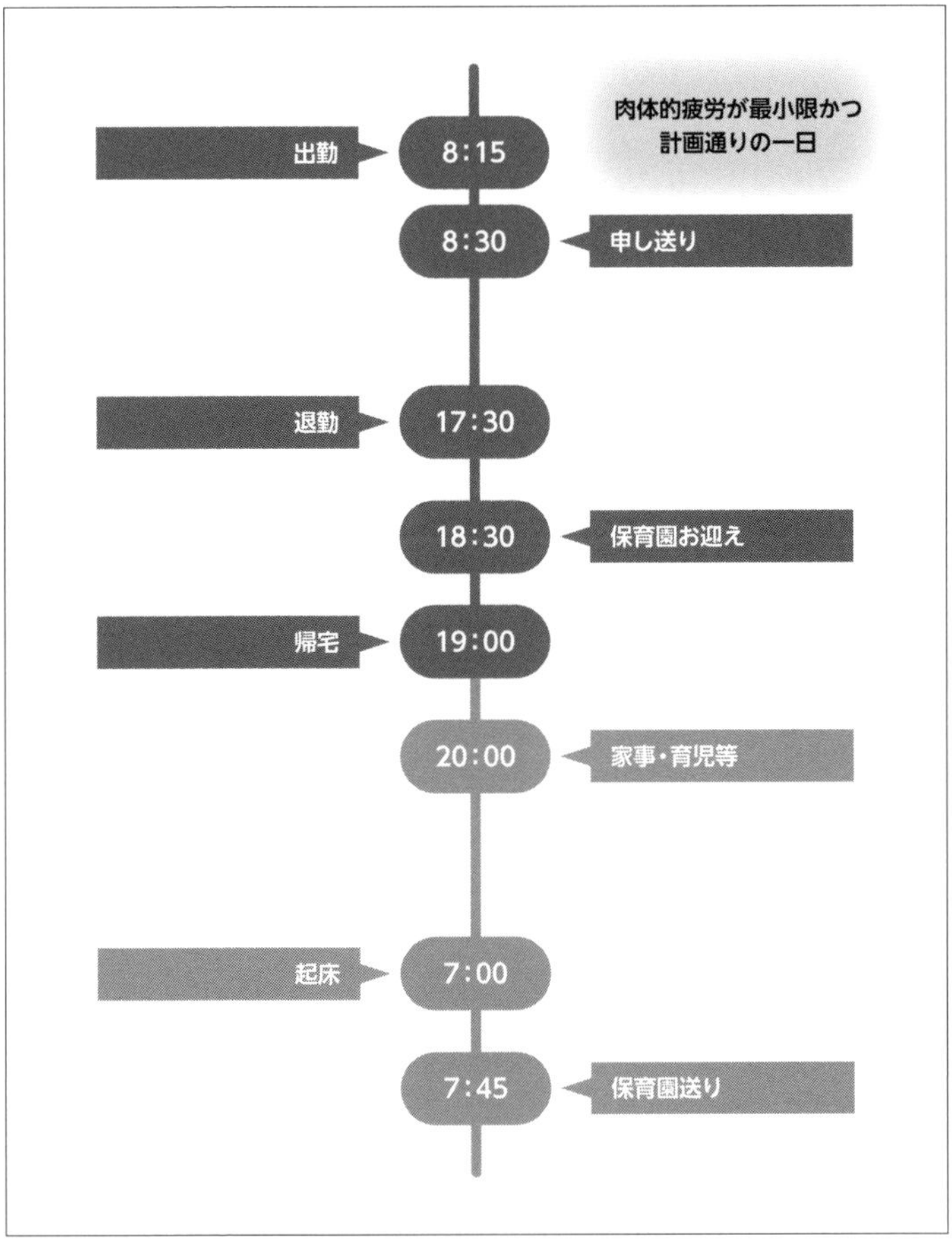

DCAサイクルを回していきます。
A病院の混合病棟では進捗を見える化するツールを使い、計画どおりに改善活動が実行されているかを管理。つまずいていることがあれば、改善のプロセスオーナーが原因を突き止めてPDCAを回し続けていくことにしました。

## 移動距離の減少でプライベートも充実

改善前、混合病棟の看護師が勤務時間内に歩く歩数は、1日平均およそ2万歩。改善後は約7000歩に減少しました。距離にすると、約14キロから約5キロへの短縮です。

動線の改善は、実にささやかな変化のように思われるかもしれません。しかし、14キロは東京駅から羽田空港までの距離。「歩く」という行為に毎日3〜4時間を費やしていたことになります。それが約3分の1に短縮されれば、疲れが軽減するだけでなく、当然時間の余裕も生まれます。この活動を通して、月平均で約19時間だった残業時間は約8時間にまで減少しました。

## 図表25 ▶ 14キロってどのくらい？

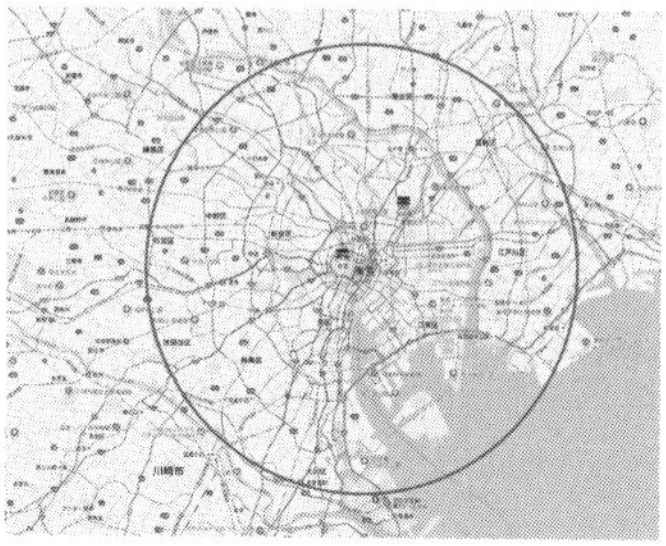

**東京駅からおよそ14km**

・羽田空港
・東京ディズニーリゾート

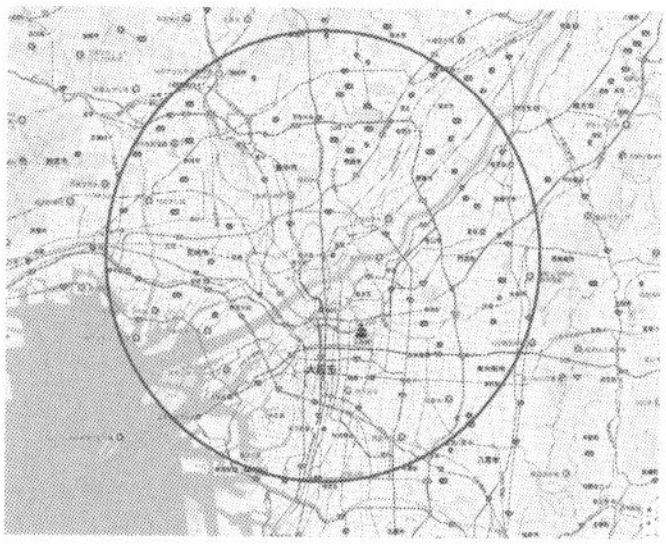

**新大阪駅からおよそ14km**

・阪神甲子園球場
・EXPO 2025 大阪・関西万博会場

出典：Google Mapをもとに作成

改善後、A病院の看護師からは、次のような感想が寄せられています。
「身体的な負担が減って、プライベートも充実しました」
「患者さんに向き合う時間が増え、余裕が出たと感じています」

時間的・身体的な余裕が生まれると、納得のいく仕事ができたという看護のやりがいが生まれるのではないでしょうか。充実感を持って帰宅し、家事や育児、趣味、勉強などに時間を割けるようになれば、生活全体の質も向上するでしょう。こうしたポジティブな循環が生まれることで「もっと良い看護を提供したい」と考えられるようになります。

このようにして、改善のための基盤が徐々に整っていくのです。

さらに残業時間の減少により、コスト削減も叶いました。A病院では残業が月平均11時間減少。看護師が100人、時給2300円で、単純計算すれば月あたり253万円の経済効果がもたらされました。

まさに「質を上げてコストを下げる」というリーンの改善活動を実現されたということでしょう。

## Case 2 情報収集の工夫で前残業をなくす——B病院

2019年の新型コロナウイルス感染拡大以降、多くの病院ではこれまでになかった業務が増える一方で、疲労が続き先行きの見えない不安からスタッフが離職していくという、さまざまな困難のただなかにいました。そして、新型コロナの分類が5類に移行した今もなお、医療現場の働く環境は改善しておらず、自治労本部・衛生医療評議会から職場を辞めたいと思う人の割合は前年よりも悪化したというアンケート結果が発表されました（全日本自治団体労働組合・衛生医療評議会）。この調査では、「現在の職場を辞めたい」と思う人の割合は、「常に思う」「しばしば思う」「たまに思う」を合わせて79％に上り、その理由としては、業務の多忙が挙げられることが分かりました。そして、その業務の多忙さに大きく関与しているのが始業前の業務（前残業）であり、72％の回答が「始業前残業がある」と回答しています。

前残業の廃止は多くの病院で検討されているため、私たちのご支援の中でも、始業前残業の改善はよく取り扱われるテーマです。始業前残業は看護業界独特の文化であり、変えたくても変えられなかったもの。なかなか自分たちで簡単には改善することはできません。

B病院でも「リーンで本当に変わるのか」と、はじめは半信半疑だった現場スタッフ。多忙な現場ゆえに「この上、いったい何をやらされるのか」と、ネガティブな声も寄せられる中でのスタートでした。そこで看護部では、初動につきものの失敗リスクと現場負担を考慮して小さく活動を始めることに決定。現場から一部の師長たちを選び、チームを編成するところから活動が始まりました。

## 前残業をするには訳がある

改善活動のテーマ選択で重要なのは、自分たちだけの努力で結果を変えることができる小さなテーマを最初に選ぶことです。短期間で成果を上げる小さな成功体験を積み重ねることで、現場の士気をあげていくことができます。そして、この小さなテーマを選ぶ時にさらに重要なことが、現場の声を聞き、現場が喜ぶ、解決を求めている問題から進めるということです。

B病院でも〝始業前残業の改善〟は、現場から強く求められているテーマでした。

病院によって始業前残業の中に含まれる業務の種類は異なりますが、B病院の場合「情報収集」と「日中の薬剤作成」が主な始業前残業です。改善活動ではまず「情報収集」を扱うこととなりました。改善活動前、これらの始業前残業のために、早いスタッフは始業前の1時間以上前から出勤している状況でした。そこで現状把握のためスタッフへアンケートを実施すると、以下のような4つの理由がみえてきました。

①看護師によって求める情報が違うため、情報収集にかかる時間に差が生まれ、就業時間にできない分は前残業をして対応しなくてはならないから
②主に若手看護師の中に「業務中に先輩看護師に質問されるかもしれない」という不安やプレッシャーがあり、そのための準備が必要だから
③緊急事態のためにできる限りの情報を持っておきたいから

④得たい情報を色々な画面から収集してしまっていたから

このように、前残業の理由は単なる業務プロセスの問題ではなく、現場スタッフによってさまざまな背景があることが見えてきました。特に、これらの心理的不安要素は、年次が若いスタッフに多かったため、改善策を試行する際には、若いスタッフからではなく、経験もあり自信もついてきた年次層から始めることとしました。年次の若いスタッフが試行に参加する際には、彼らの不安を取り除くために、師長や主任が丁寧に対話の時間を持ち対策方法を一緒に考えます。このように、一気に解決策を展開するのではなく、少しずつ、無理のないことを確認しながらＰＤＣＡで取り組みを広げていきました。

最終的には、情報収集の項目を整理して、それらのみを業務前に収集しておくというルールが現場チーム内で決定。加えて、看護管理室やシステム課の協力のもと、カルテ画面からの情報収集の動線も改善することができたのです。結果的に、情報収集の質の属人化を防ぎ、短時間で効率よく必要な情報を収集することを可能にしました。

## 1つの改善活動がもたらす次の気づき

前残業の改善活動を進めているうちに、看護師の情報収集の中断の理由になるナースコールやセンサーコール対応という業務にもチームの気づきが広がっていきました。

現状を調べてみると、コールが鳴った際は2分ほど鳴動し続け、その後看護師が患者さんのもとへ行き、要望への応対をするまでには、さらに時間がかかっていることがわかりました。つまり、看護師からの何かしらの応答が患者さんへ伝わる2分間だけでなく、対応までの長い時間を患者さんは待っていたのです。ナースコールやセンサーコールは、患者さんと看護師をつなぐもので、患者さんにとっては緊急時の生命線です。

このように、情報収集する看護師にとっては業務中断を最小限にしつつ、患者さんを第一優先として即座に応答したいという患者価値向上の視点においても、コール対応の見直しは喫緊の課題でした。

この問題を解決するためには、現在の業務プロセスをもう一度しっかりと見直して、普段当たり前のように行っている業務に潜む「ムリ・ムラ・ムダ」を見つけ出す必要があります。しかし、日常化された業務とマインドセットの中で改善の余地を見つけ出すのは至難の業、なかなか良いアイデアが浮かびません。そこで、ワークフローマップというツールを使い、シフト引継ぎ時のコール対応の業務プロセスを客観的に分析することにしました。

このツールを用いたことで、「日勤勤務者が、夜勤帯の患者のコール対応をしている」「日勤始業前に、既に医師から指示を伝えられる」など、勤務交代時の役割りの曖昧さの問題も明らかになりました。その対策として、新たに、各勤務交代時の業務分担について整理して、これまで曖昧だった勤務交代時付近に発生している業務をどちらの勤務帯が実施するのかを決定しました。

また、勤務交代の時間はどうしても業務が多く発生し、申し送りやラウンドをしながらすべてを遂行できない時もありました。その場合は、協力する程度や条件をさらに詳細に決定し、「こういった場合はここまで前勤務帯が協力する」というような動き方のパターンをいくつか作成しました。これらの対策により、始業前残業に潜んでいた見えない問題を解決することができました。

図表26 ▶ 業務プロセスマップ

前残業のワークフローマップ
看護師の業務
PC 立ち上げ
情報収集シート出力
担当患者のカルテを閲覧
情報収集シートへ情報を転記
ラウンド準備
朝礼／申し送り
〈情報収集項目〉
・基本情報
・数日間の状態の変異
・注射、内服指示
・検査結果
・検査時間や面会等の当日の予定　等
気づき・問題点
未使用のPCがない
情報収集シートは各人で作成
複数ページを移動
医師が指示を口頭で伝えてくるが、情報未収集なのでわからない
病棟の電話を受電する
PCの起動が遅い
異なるシステムページを開くため、時間がかかる
ナースコールが鳴りっぱなしなので、対応する

## ルールの徹底が成功の鍵

しかし何よりもB病院の改善活動を成功に導いた鍵は、出勤時間のルール化と、それを徹底するための阻害要因を排除していったことでしょう。出勤時間は、単に「8時以降」と決めるだけでは遵守できません。なぜなら業務のみならず、さまざまな要因が関係してくるからです。そこでスタッフ一人ひとりの状況に寄り添い、それらの要因を排除していくことで、全員が8時以降出勤のルールに対応できるようになったのです。

以前は約8割の看護師が8時前に出勤していましたが、改善後は全員が8時15分以降に出勤するようになりました。もしも改善活動の第一歩として「朝8時以降出勤」というルールだけを設定していたら、この改善は成功せず、定着もしなかったでしょう。

人々の不安を取り除くための対話をし、情報収集の内容を決め、内容や時間のルールを決める。終わってしまえば、こんなにもシンプルなことがなぜできなかったのか、不思議なくらいかもしれません。しかし、この例が示すように、改善活動を成功させるには、全体をしっかり把握し、分析したうえで、一歩ずつ段階を踏みながらPDCAサイクルを回していくことが重要です。

この活動の中で、実は先輩看護師も、若年層が多い勤務の中「何かあれば自分が皆を助けなければならない」と、受け持ちの患者以外の情報もできる限り持っておこうと情報収集していたことが明らかになりました。このことも、始業前残業が積み重なる原因だったのです。

今回の始業前残業のプロジェクトの成功は、現場から出てきた不安やフィードバックを師長、主任を始めとする先輩看護師が受け取り、変えることに消極的だった若年層のスタッフと最後まで向き合ったからこそだといえるかもしれません。

この改善活動後、現場からは多くの好意的な声が上がっています。

・朝の時間をゆっくり使うことができるようになった
・決まった項目を収集すればいいので、不安なく先輩との申し送りや報連相に挑むことが出来るようになった
・後輩と一緒に考える時間ができた

Ｂ病院に本当の余裕が生まれるまでには、もう少し時間がかかるでしょう。しかし、こうやって現場に対話が生まれ、現場レベルでの問題解決ができるようになっていけば、以前のように幹部達が現場を走り回って問題解決をする必要はなくなっていくに違いありません。

Case 3

## 改善活動で次世代育成の土台作り――Ｃ病院

「現場の看護師たちは忙しい。だから、管理者である私達がついつい手を出してしまうんです。でも、そろそろ世代交代を意識した次世代育成が必要だと思うんです」

副看護部長兼師長のこの一言に、周囲の師長たちもうなずきました。

次世代をどのように育て、現場を活性化していくか。この課題は多くの病院に共通しています。Ｃ病院は長年、地域に根差した専門病院としての役割を果たし、経営も良好でした。トップダウン型の看護体制は迅速で安定した運営を担保していましたが、その中心にいる看護管理者たちは「この先、病院を持続的に運営するためには、大胆な改革が必要だ」と感じていました。そこで、C病院はこれまで現場を統制してきた師長たちではなく、主任たちを中心に現場の課題を抽出し、解決する「現場改善」に取り組むことを決断。4つの部署を対象に、病棟でのボトムアップ文化の醸成を目指しました。

## 手術室の業務効率化

今回紹介する手術室は、病院経営においても重要な「病院の心臓部分」。手術の成功は執刀医の力だけでなく、チームのパフォーマンス、さらには物品や薬剤を安全かつ迅速に管理できる体制など複数の要素が絡み合います。

C病院の手術室では物品管理に課題があり、業務効率やチームの働き方に悪影響を及ぼしていました。現場からは、業務を効率化してもっと術前・術後の患者さんの不安を取り除くために病棟訪問をしたいという声が上がっていましたが、なかなか時間が生み出せず実行できないことが悩みだったといいます。この状況を改善するため、主任を中心とした現場スタッフが、まず自分たちでできることから改善に取り組むことになりました。

手術室の物品管理について、現場チームから以下のような問題が指摘されました。主任を中心に、改善チームはそれらを「動きのムダ」「作りすぎのムダ」「待ちのムダ」といった視点で整理しました。その内容は以下に示す通りです。

**動きのムダ**

・薬品が各手術室や廊下に点在しており、定数確認や収納作業に時間を要していた
・一部の薬品が特定の手術ユニットに保管されていたため、手術が終了するまで収納ができない状況があった

**作りすぎのムダ**

・定数表と薬剤を交互に確認する作業に時間がかかっていた
・ラミネートやファイルへの転記作業が多く、ミスのリスクを増大させていた
・アンギオ室と手術室の請求が同一ファイルで行われており、業務が煩雑化していた

**待ちのムダ**

・救急用のカートに救急薬剤以外の物品が混在しており、緊急時に迅速な対応が妨げられる可能性があった

## 3カ月で得られた成果

これら整理された各課題に対し、チームは3カ月の期間中に以下の改善策を実施しました。

・薬剤の中央管理：薬剤を手術室や廊下から廊下棚に集約し、麻薬や救急薬剤を除くすべてを中央管理
・定数表の簡素化：収納箇所に薬剤の定数を直接表記し、ラミネートやファイルを使った確認作業を廃止
・請求業務の簡略化：薬品係が中央薬品の不足分を直接請求ファイルに記入し、転記作業を廃止
・麻酔カートの活用：必要な薬剤を麻酔カートにまとめ、中央で補充する仕組

みに変更

・救急カートの整理：麻酔科医と協力して薬剤を整理し、定数を明示
・請求ファイルの分離：アンギオ室薬剤の請求を分離し、業務を効率化
・タスクシフト：薬剤の受け取りや収納作業を事務スタッフに移管
・マニュアルの作成：新しい運用方法を全員が理解できるようマニュアル整備

これらの取り組みにより、手術室での物品管理は大きく改善されました。具体的な成果は以下の通りです。

・収納や請求が効率化し、無駄な待ち時間が解消。補充作業が短時間で行えるように
・薬品管理の時間が1日60分から30分に短縮。月600分（10時間）の削減に成功
・緊急時の薬剤使用での混乱がなくなり、迅速な対応が可能に
・手術室スタッフの負担が軽減し、患者ケアや他の業務に集中できる時間が増加

「この改善活動を通じて業務効率という成果も得られましたが、何より感心したのは主任たちの目的意識と行動力です」と看護部長は振り返ります。

「最初は改善にやらされ感をこぼしていた現場の主任たちが、活動を通して『自分たちがやろう』という姿勢になったと思います。活動が終わって8カ月以上たった今、現場スタッフから『PDCAサイクルを回していこう』という言葉が聞かれるようになりました。自分も含め、ついついやりすぎてしまっていた師長たちも、以前に比べ、ちゃんと主任たちに任せられるようになってきていると思います」

C病院の挑戦はまだまだ続きます。C病院で動き始めた改善活動は着実に次世代を育て、組織全体の成長の土台になっているといえるでしょう。

## 図表27 ▶ 変革ロードマップ「ステージ1」のまとめ

ステージ1の現場改善の取り組みをコッターの8つのアクセラレーターに当てはめてみると、以下のようになります。

変革の対象：病棟、現場リーダー、看護現場スタッフ

| | |
|---|---|
| ①危機感を生み出す | **共通課題の存在**：看護師の離職による病院経営の脆弱化の可能性。**現場ラウンド**：関係者が実際に現場に出ることで、現場への理解が深まり問題の本質が見えてくる。**幹部層の関わり**：幹部が現場に出ることで、本気度が伝わる。 |
| ②変革主導チームを築く | **改善コアチームの編成**：変革の起点になる中心のチームをつくる（幹部・管理者）**チームアプローチ**：幹部、現場管理者、現場すべての人たちに役割を持ってもらう。 |
| ③戦略ビジョンと変革施策を策定する | **事実ベースの計画策定**：現地現物でツールを使い、現状を把握する。事実ベースで改善の計画を立てる。**正しいテーマ選定**：この時点の改善活動は、改善へのハードルを下げることが目的なので、現場が本当に課題に思っているテーマに取り組む。 |
| ④ボランティアの数を増やす | **問題の見える化と場づくり**：VSMなどのツールを用いて現場の問題を「見える化」することで、多くの現場の人たちが問題を自分ごとにできるような場をつくる。**取り組みの共有**：自分たちだけで完結しようとするのではなく、他部署に活動内容を共有したり話を聞いたりすることで、活動目的への理解が深まる。 |
| ⑤障害を取り除き、行動を可能にする | **心理的なハードルを下げる**：改善ができない、変化への抵抗があることを受け止め、できない理由や不安を取り除く努力をしてみる。PDCAサイクルを使い、影響が小さい変化をスタートさせることで心理的なハードルを下げる。看護幹部、師長、主任などのメンバーがプロジェクトにおける役割を理解し、分担の遂行、お互いをサポートする体制をとる。 |
| ⑥短期的な成功を生み出す | **「楽になる」体験**：身近な問題の解決、現場の人たちが喜ぶ改善を成功させる。大掛かりで完璧な改善ではなく、手軽にできることから始めるという意識で、活動を重くしすぎない。 |
| ⑦加速を維持する | **成功体験と楽しさの担保**：改善活動をしてもいいなと思える土壌づくりへの配慮。成功を皆と共有する。幹部は惜しみなく感謝の言葉を伝える。皆で成功を喜ぶ文化づくり。 |
| ⑧変革を組織内に定着させる | **時間の確保**：改善活動の時間をとる。再現性のあるツールややり方を使う。「みんなが楽になる」を意識する。問題解決は短期で、意識変革は焦らず長期で取り組むマインドセットが、変化を定着させるコツとなる。 |

# Chapter 5

# 目指すは、自走する組織づくり

Chapter5では、117ページの図表22で示したステージ2とステージ3の例として、亀田総合病院における自走する組織づくりを見ていきます。
自走する組織をつくるためには、まずボトムアップ型の改善活動を通じて、メンバーが自分たちの組織を深く理解することが不可欠です。この第一段階をしっかりと進めることで、成功の可能性が大きく高まります。なぜなら、組織づくりに必要な変革は、組織の体質を改善することに他ならないからです。そして変革を実現するためには、幹部や管理者が組織管理の体制や文化に対して危機感を抱き、自ら主体的に取り組む姿勢を持つことが欠かせません。これが揃って初めて、組織に本質的な変化が生まれるのです。

Case 4

## 5つのストーリーが自律を促す——亀田総合病院

亀田総合病院では、ロードマップの第一段階として、現場主導の改善活動に取り組みました。その結果、活動を継続するための環境や仕組みが十分に整っていないことに気づきました。原因として、管理者のマネジメントスキルにばらつきがあることや、管理者と現場の間に生じていた「期待のずれ」が明らかになりました。さらに、改善を進める中で、看護部全体を統括する管理体制そのものが、時代や人、環境の変化に対応しきれず、徐々に「過去のもの」になりつつあることを認識したのです。

こうした課題に向き合い、これまで機能していた体制を自ら見直すため、看護部長と副看護部長たちは、まず「現場の師長や主任を中心に、人々が働きやすく成長できる組織をつくる」という明確なビジョンを打ち立てました。そして、看護管理部の中核メンバーが一体となるよう、チームビルディングを通じて新しい体制づくりに向けた合意形成を進めていきました。

しかもこの取り組みは、方針を示すだけで終わりませんでした。幹部たちは現場に足を運び、現場の声に耳を傾け、複数のプロジェクトを支援する「スポンサー」として直接関わることで、変化を実現するための具体的な支援を行いました。これらの取り組みは、「人が育ち、組織が成長する仕組み」を構築するための挑戦そのものだったのです。

看護師の離職と若年化の連鎖が課題だった亀田総合病院。同院では、未来の看護のかたちを「亀田看護モデル2・0」と名づけ、看護部の変革に向けての

改善活動をスタートしました。ここで掲げられたのが、

・誰もがやりがいや成長を感じ、長く勤めたいと思う明るい職場づくり、人間関係づくり
・本来の「やりたい看護」や「看護の質」を追求する組織づくり

という2つの旗印。患者価値を高めるべく、看護部長・副看護部長の大奮闘が始まりました。自らを振り返ることから取り組んだ改善活動は、現在進行中ながらさまざまな効果を見せています。

## 離職が止まらない！

コロナ禍を乗り越えた亀田総合病院は、経営回復に舵を切ろうとしていました。しかしその基盤となる看護部の運営には課題が山積み。特に顕著だったのが、看護師の離職だったといいます。

人材の安定的な確保。これは医療業界に限らず、どの業界でも頭を悩ませて

いる課題です。看護人材の不足、エッセンシャルワーカーたちの業界離れは社会的な問題となっています。その背景には、病院ごとの個別の事情に加え、看護師の現場での育成パターンと、現在の看護現場の現実が合わなくなってきていることが指摘されています。

看護師は経験を積むほどに看護への知識や技術が深まり、ケアに貢献できるようになると同時に、若手のサポートや育成などの役割を担うようになります。患者の高齢化や入院期間の短縮に伴って業務量が増え業務密度が高まっているにもかかわらず、同じやり方で業務を進めれば、経験のある看護師が多忙になるのは当然のこと。その結果として、若手は現場での指導や経験がないまま、早い段階でより責任ある実務を任されることを余儀なくされるといった事態が生じるのです。

経験のある看護師も、若手の看護師も、質の良い看護を提供したい、しっかり学びながら患者のそばにいるケアを目指したいと思いつつ、業務に追われ自分の目指す看護からかけ離れてしまうことが少なくありません。このような環境に閉塞感や停滞感を抱いた経験をした看護師が、離職に追い込まれているのではないでしょうか。

若手ばかりの職場になれば、医療・看護の質を担保するのが難しくなるだけでなく、不安なままに看護を続ける状態に陥り、若手はつぶれてしまいます。その結果、各人の業務負荷はさらに重くのしかかり、残った看護師たちも同じような連鎖に巻き込まれるという図ができてしまうのです。こうした負のスパイラルを断ち切るには、どうすればいいのでしょうか。

最初に思いつく対策は、新規採用を増やすことです。しかし採用に努力を重ねても、仕事を覚えた先から辞めていく看護師を減らさなければ効果が上がりません。どの病棟も慢性的な人員不足であり、師長たちの足は看護部を統括する看護管理部へと向かいます。師長たちが入れかわり立ちかわりやってきては、「人が足りない」「採用を増やしてほしい」「なんとかしてほしい」と嘆く状況が続き、看護管理部は本来の業務が滞ってパンク寸前だったそうです。

もちろん看護管理部では、師長も看護師も日々忙しく働いていることを重々承知していました。だからこそ、現場が働きやすくなるよう業務効率化の改善策を投じていたものの、なかなか成果が見えてこない。逆に、改善策そのもの

図表28 ▶ 離職が生む負のスパイラル

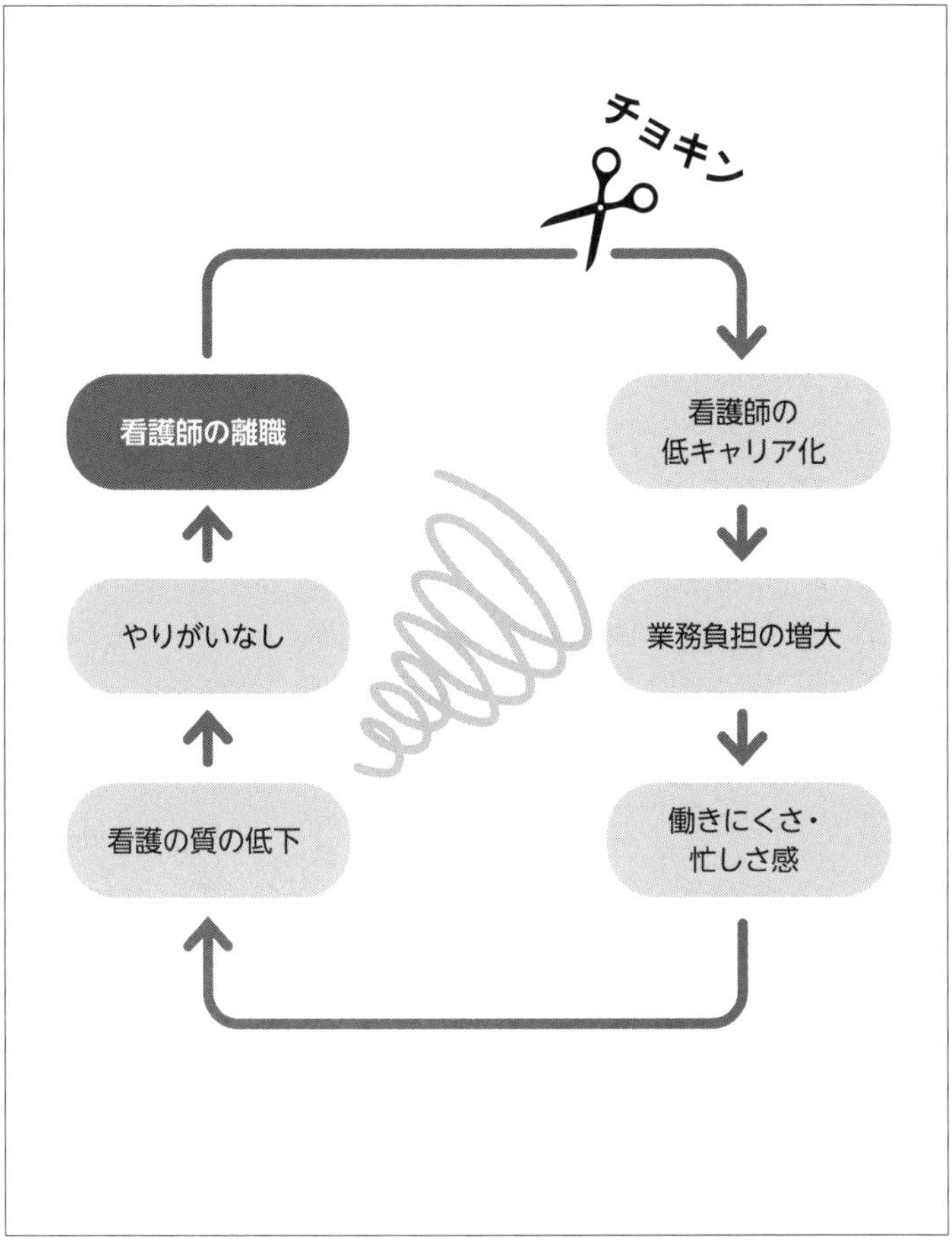

が現場の負担になってしまうという事態が起きていたそうです。現場の業務負担を改善し、安定した運営基盤を築く必要がある。そんな強い危機感のもと、自分たちには見えていないことがあるかもしれないと、外部者の介入による違う活路を見出すため、日本経営に声をかけてくれたのだそうです。

我々リーンコンサルタント側の話をすると、亀田総合病院の看護部が短期で成果を出したことにはいくつかの理由があります。１つ目は、看護幹部たちとコンサルタントの信頼関係が十分にできた状態で支援に入れたこと。私たちコンサルタントは、業務改善や組織改革のプロとしての経験と実績を持ちますが、各病院の事情やリソースを１００％理解しているわけではありません。看護幹部の皆さんが、それを理解したうえで、お互いの強みを尊重し合い出し切る形でパートナーとなり、戦略的に「組織づくり」に取り組めたことが、成果に結びついたもっとも大きな要因でした。

そして2つ目は、１０３ページの図表19で示した「逆三角形型の組織」の意義を理解し、改革の主体者として、看護幹部たちが強いコミットメントを示してくれたこと。このリーダーシップのもと、コンサルタントはもとより、経営企画部や他部署も看護部の変革の裏方として協力することができました。

日々の活動を担う現場スタッフ。日常管理と現場改善を実行する現場管理者たち、組織を巻き込み変革をリードし現場を下から支える看護管理部。この姿は、まさにリーンが描く「変化し続ける組織」の姿そのものです。

## 能動的な「新幹線型」が目標

「亀田看護モデル2・0」で掲げられている職場づくり、人間関係づくり、組織づくり。まず見えてきたのは、新しいモデルの成功に必要な、看護師一人ひとりが生き生きと活躍する現場と人員不足に苦しむ現状の乖離でした。「亀田といえば……」と言われた組織の強さや、最新の自社電子カルテシステムの導入に湧いた時代は過去のものとなり、看護師長たちは日々に起こる問題に振り回され、求心力を失いつつありました。そんな中、1000人を超える看護師で成り立つ大きな看護部の問題を打破するためには、現場管理を担う現場師長たちの問題解決能力と管理能力の強化、そして病棟のチームが能動的に機能する仕組みにつくり変えていくことは喫緊の課題だったのです。

病棟単位での問題解決能力や管理能力が向上し、現場チームで自発的な改善活動が起こせるようになれば、その先にあるのは新幹線型の自走する組織であると、看護部長は考えました。

「これまでの看護部は蒸気機関車型の組織でした。先頭車両のみが駆動力を持ち、後ろの車両を引っ張ってきたのです。どこへ向かって、どの程度のスピードで動くかは先頭車両次第。その他の車両は、前にしっかり合わせることが正しいやり方でした。問題は、先頭車両は前に進むことに忙しく、全ての列車を見わたせないこと。また、重いものを引っ張るのでどうしても進みが遅く、余力でなかなか止まれません。一方で新幹線は各車両にモーターが付いており、高速で自走できます。しかも高速でありながら、ちゃんと止まることもできます。私たちに必要なのはこれだと思いました」

蒸気機関車型の組織はトップ主導型。現場が上からの指令を正確かつ着実にこなすことで統制をとる受動型な組織ともいえます。

一方、新幹線型の組織は、トップが示す大きな方針に対して、それぞれのチームが、方針に沿った目標や計画を設定し、独立的かつ自律的に目標達成に向けて取り組んでいく能動型な組織のことです。亀田総合病院が未来へ向けて挑んだのは、この看護管理体制のモデルチェンジだったといえるでしょう。

## 描かれた5つのストーリー

蒸気機関車型から新幹線型への組織変革。そのための環境や仕組みを整えようと、複数のプロジェクトを立体的に組み合わせる戦略が採用されました。それが次の5つです。

**①看護管理部の体制強化——看護管理部としての意識合わせ**

変革を牽引する基盤となる看護管理部としての共有のビジョンを明らかにし、変革のために自分たちがどのような「機能」を担うかを検討し、アクションプランを策定しました。

**②方針展開——会議体の運営見直し**

約50人の師長が参加し、1回あたり2時間半の会議を毎月3回行っていたところ、1回あたりの時間と回数を減らし、会議の内容を「情報の周知」から「師長の主体性を重視した運営」へ変更。情報の流れを見直し、組織（幹部）と現場の距離を縮めました。

**③インセンティブ制度の構築——インセンティブとＣＡＳ（実践能力評価システム）の連動**

５年目未満の看護師（特に業務リーダーを担える看護師）の離職者数を減らすため、ＣＡＳⅢ※以上のスタッフに対するインセンティブ制度を導入。個人の成長意欲を評価し、継続性を維持するために制度化に踏み込みました。

**④改善活動の内製化——展開した方針を組織全体で実現させる改善活動**

組織の重点項目に沿ったプロジェクトを各病棟で展開し、成果を出すために、ベストプラクティス（受け入れ環境と施策の運用モデル）を構築。それらを他病棟へ水平展開しました。

※……ＣＡＳはキャリア・アドバンス・システムの略。亀田総合病院独自の教育システムで、レベルが5段階あり、ＣＡＳⅢは臨床経験5年目での到達を目指すレベル。

### 図表29 ▶ 蒸気機関車型の組織／新幹線型の組織

**蒸気機関車型の組織**

体質 受動的・他律的

特徴 働きやすい職場を求む

**新幹線型の組織**

体質 能動的・自律的

特徴 働きがいのある職場を求む

### ⑤モデル病棟での取り組み――リーダーシップ開発

現場の問題解決プロジェクト実践を通して、現場リーダーである師長や主任のリーダーシップスタイルの幅を広げつつ、管理の知識・スキル向上を目指すことにしました。特に現場の問題を師長たちが一人で抱えるのではなく、どうやって仲間を増やし協力を得るかという主任―師長―掌握幹部の連携を強化することに注力しました。

看護部長・副看護部長が1～2名ずつ、これら5つのプロジェクトに対する成果責任者となり施策を実行していきました。それぞれのプロジェクトがどのように進んだのか、順番に紹介していきましょう。

## 方針を打ち出す〝川上〟が一致団結

現場へトップダウンで方針を伝えるためには、まず看護幹部が一体感を持ち、「看護部をどうしていくべきか」という意識を共有して、合意を得ることが重要です。

図表30 ▶ 亀田総合病院が取り組んだ5つのプロジェクト

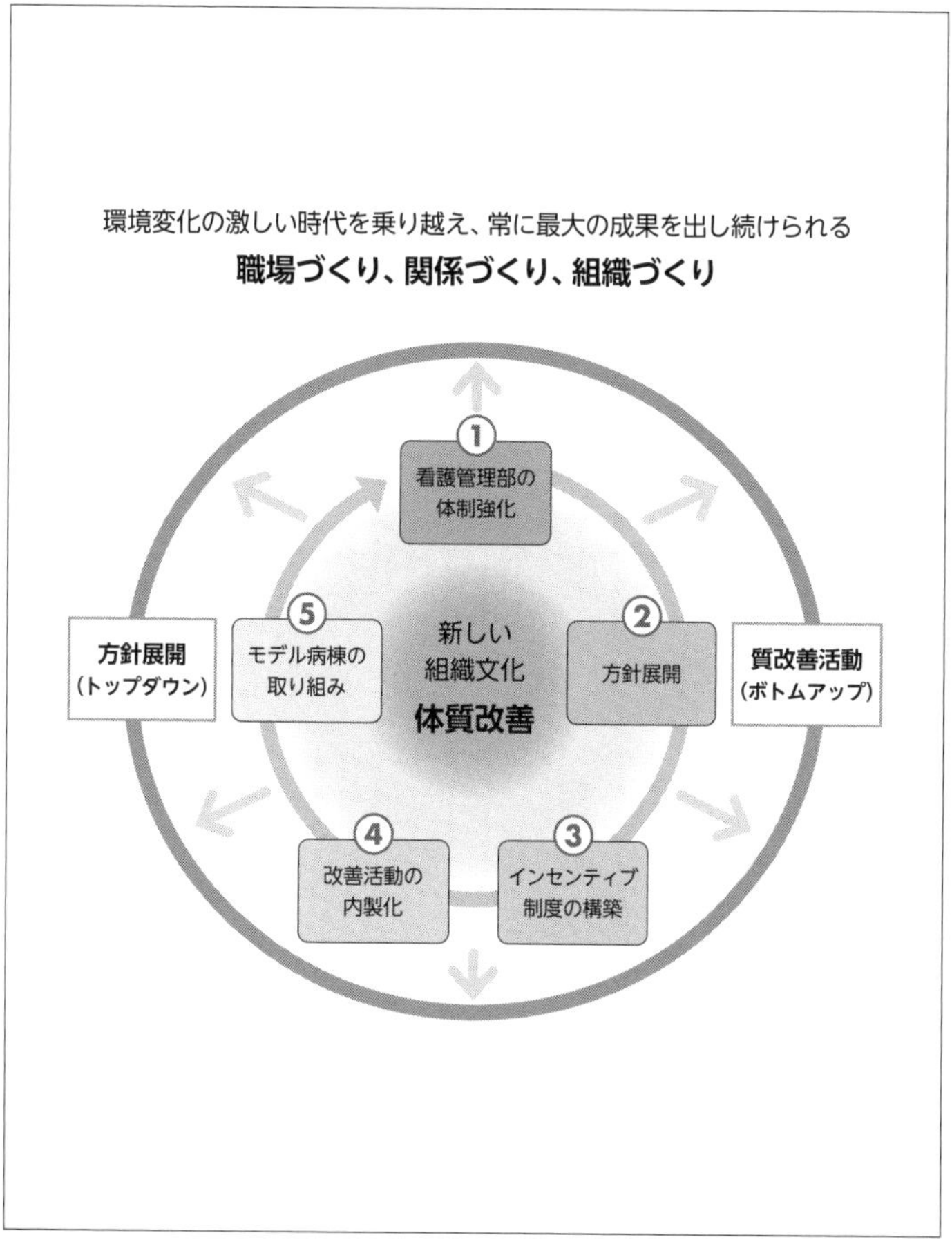

そこで、**①看護管理部の体制強化**の第一歩として、SOUNDメソッド®※を活用したビジョンセッションが行われました。テーマは「一丸となる」です。このセッションでは、次期看護管理部の体制に向けての課題や実施すべきことについて、じっくりと対話を重ねました。目指すゴールは同じでも、参加者それぞれの価値観は異なります。そのため、お互いの考えを率直に言葉にして相手の価値観にも関心を持つことで、全員が1つのチームとして困難を乗り越えていく力を育むことを目指しました。

対話では「思っていることを話す」「相手の立場で話を聞く」という重点ポイントを、実際に行動に移すための具体的なアクションへと落とし込みました。亀田総合病院ではリストアップされたアクションは7つ。それを看護部長と副看護部長の挙手によって「すぐやる」「維持検討」「やらない」へと振り分けていきました。それぞれのアクションは、「情報共有の仕方を統一する」「傾聴する姿勢を持つ」「承認のメッセージを送る」など、とてもシンプルなものばかり。

さらに未来のリーダー育成を目指し、副看護部長の従来の役割（総務・人事など）に加えて、全員に病棟や外来などの担当エリアを割り振る新たな体制を導入。これにより副看護部長が自ら担当現場エリアを定期的に訪れるようになり、師長・主任と問題を共有しながら、目標の立案から実行評価までを現場と一緒に進めたのです。この仕組みにより、エリアごとの目標達成と、師長・主任のマネジメント能力向上への責任を副看護部長が担うことになりました。

## 現場ラウンドで関係性に変化が

副看護部長たちが管理室から現場へ足を運ぶことで、師長・主任との間でさまざまな気づきや変化が起こりました。外来エリアを担当した副看護部長は、「これまで、業務や人事の相談先がわからずに宙に浮いていた問題も、ラウンド中に直接相談できるようになりました。その結果、私たちも現場の困りごとの背景も含めてわかるようになりましたし、師長が困ったまま放置されることのない仕組みが整ったと感じています」と話します。

※……チームづくりのために体系化された対話とマネジメントの手法。Status（現状の見える化と安全な場づくり）、Outcome（ビジョン・アウトカムの共創）、Understand（構造とねらい目の見極め）、Negative Check（抵抗・摩擦の洗い出し）、Drive（アクションの選定）という流れで進行する。

また、現場ラウンドの効果について、ある病棟エリアを担当する副看護部長はこう言います。

「例えば、病棟から薬剤部への薬の正しい返却方法など、自分が会議で発信したことが徹底されているか、ラウンド中に看護師の実際の様子を見ながら確認することができます。定着していなければその場で師長と相談したり、アイデアを出し合ったり、わざわざ時間をとらなくてもスピーディに解決できることが増えました」

師長や主任とのコミュニケーションに加え、現場の看護師たちとのちょっとした会話から、正規ルートでは聞こえてこない困りごとも把握できるようになったそうです。

このように、副看護部長と現場の関係が深まったことは、彼らの間にあった「期待のずれ」の原因を明らかにし、お互いが顔を見て対話することで、同じ目的のために支え合う関係をつくるきっかけになりました。ドッジボール型の指示ではなく、キャッチボール型の対話の中で、方針の理解や展開が可能になる土壌づくりができています。

## 2時間半の定例会議を大幅に短縮

看護管理部と現場の関係が深まったところでスタートしたのが、②方針展開のプロジェクトです。テーマは、「師長が生き生きと働ける環境をつくる」。そのためには、師長自身がやりがいを持って職務に当たり、さらにマネジメントに割く時間を捻出することが必要になります。

しかしこのプロジェクトの成果責任者であった副看護部長は、担当エリアの現場ラウンドを通して、責任の重さや仕事量の多さによって師長たちは誰よりも疲弊していると感じていました。

「私だけでなく現場の看護師たちも、『師長は忙しすぎるのではないか』『管理者は看護以外の仕事が多くて大変そう』と感じているようでした。このままでは師長を目指す看護師がいなくなるのではという危機感もありましたね」

師長が生き生きと活躍できる環境を整えるのが幹部の役割。目をつけたのが、師長が参加する月2回の師長会と、月1回の教育業務検討会の運営でした。多忙な師長にとって月3回の会議への出席は負担が大きいはず。そこで会議の時間を毎回2時間半から1時間へ短縮することにしたのです。

そのために、会議の内容は大きく変更されました。それまでは事前に伝えていた報告や連絡を読み上げて、内容の周知を図ることに全体の7割以上の時間を費やしていましたが、この部分を大幅に削りました。また、師長全員を対象にしたアンケート結果を受けて「マネジメントについて先輩師長の意見を聞きたい」「テーマを設けてディスカッションする時間をつくってほしい」という要望を取り入れ、前半をインフォメーション、後半をグループワークやディスカッションという構成に変更したのです。

さらに後半30分を有効に使うために、事前に下準備に時間をかけるようになりました。募ったテーマの中から優先順位の高いものを絞ったり、ディスカッションがしやすいようにグループワークのメンバーを工夫したりすることで、以前より意見交換も活発になるという嬉しい効果がありました。

## 改善活動の話題で盛り上がる

方針展開プロジェクトの成果責任者を務めた副看護部長は、会議の活性化をこう振り返ります。

「ある会議で『物価の高騰が病院経営を圧迫している』という話が出たときに、一人の師長が、自チームの節約の取り組みとその成果を話してくれました。小さな取り組みですが、その分簡単にスタートできますし、現場の成功事例を水平展開していけば、全体で見れば大きな成果が見込めます。改善とはそういうことなんだと実感しました」

約50人の師長が集まり、じっと報告を聞いていた会議に費やされていた時間は、年間およそ77時間。これに50人の時間給をかければ、およそ700万円にもなります。会議の見直しでもたらされる時間の余裕と新たに得られる知識・知見は、現場の効率的な運営を助け、新しい価値を生むことにつながります。このプロジェクトを担当した副看護部長は、以下のように振り返ります。

「今まで持っていたものをやめることへの抵抗やリスクは必ずあります。でも

『何が価値か』を明確にし、行動の先にある〝リターン〟を明確にして、上が『やる』と言い切ることがポイントではないでしょうか」

看護の質を高めたいという思いは師長も同じ。大きなゴールを掲げ、マネジメントプロセスからムダを省くことで、「質は上がり、コストは下がる」というリーンの原則が活かされています。

## スキルを正当に評価する

158ページで述べたように、亀田総合病院にはCASという独自の教育システムがあり、主任への昇格にはCASⅢの認定者であることが義務づけられています。これは臨床経験5年目で到達を目指すレベルですが、5年に満たないうちに離職する看護師が非常に多く、定着率が約3割という状況でした。

看護師が退職する理由はさまざまですが、病院側の関与によって解決できるのが処遇問題です。退職希望者へ聞き取りをしたところ、「経験は積んできたけれど、CASを取得できるか不安」「CASⅢの取得によって、必ずしも評価されるわけではないためチャレンジに踏み切れない」などの理由で、主任への昇格も昇給もないまま退職してしまう看護師が多数いることがわかりました。そこに直接アプローチする施策として、**③インセンティブ制度の構築**がスタートしました。

インセンティブ制度構築を担当した副看護部長は、プロジェクト概要を次のように説明します。

「これは、CAS認定に着目した新たな人事評価制度をつくる取り組みです。CASⅢ取得者にインセンティブを支給することで、チャレンジする看護師を増やし、スキルに自信をつけてその先のステップへ道筋をつける。それは離職原因の1つである評価の欠如への解決にもなりますし、個々の能力を上げる仕組みを定着させれば、組織内の意識も高まり、いい循環が生まれるでしょう」

亀田総合病院看護部の教育目標は6つ。「受け手のニーズを捉え、専門知識と技術に裏付けられた優れた看護実践ができる」「チーム医療における看護の専門性を発揮できる」「ケアの受け手の尊厳と権利を尊重し行動できる」「チャレンジ精神を持ち、自由な発想で自分の考えを表現できる」「自己の可能性を信じ、自己実現に向けて成長し続けることができる」「職業人としての品性とプライドを持って行動できる」です。ＣＡＳ取得者へのインセンティブ制度は、看護部が求める人材育成と地続きになった施策でもあります。

制度導入後、まずはＣＡＳに対する認識を高めるために師長たちへの勉強会からスタート。その後、看護師たちのモチベーションを高めるため、ＣＡＳの魅力を伝えるキーワードを整理したり、病院人事部を交えてインセンティブの金額を具体的に検討したりと、取り組みは現在も前進しています。

## 多忙で施策が機能しない

多くの病院で、看護業務改善のテーマの定番は「記録業務の負担軽減」です。業務に追われ看護記録が一日の最後に残り、それが定時後の残業につながる。これは残業をする看護師にとっても、シフト交代時に口頭申し送りを受ける看護師にとっても、そして残業代を払う経営にとっても不都合な問題です。

図表31 ▶ CAS Ⅲ取得者増加に向け行ったアンケート結果

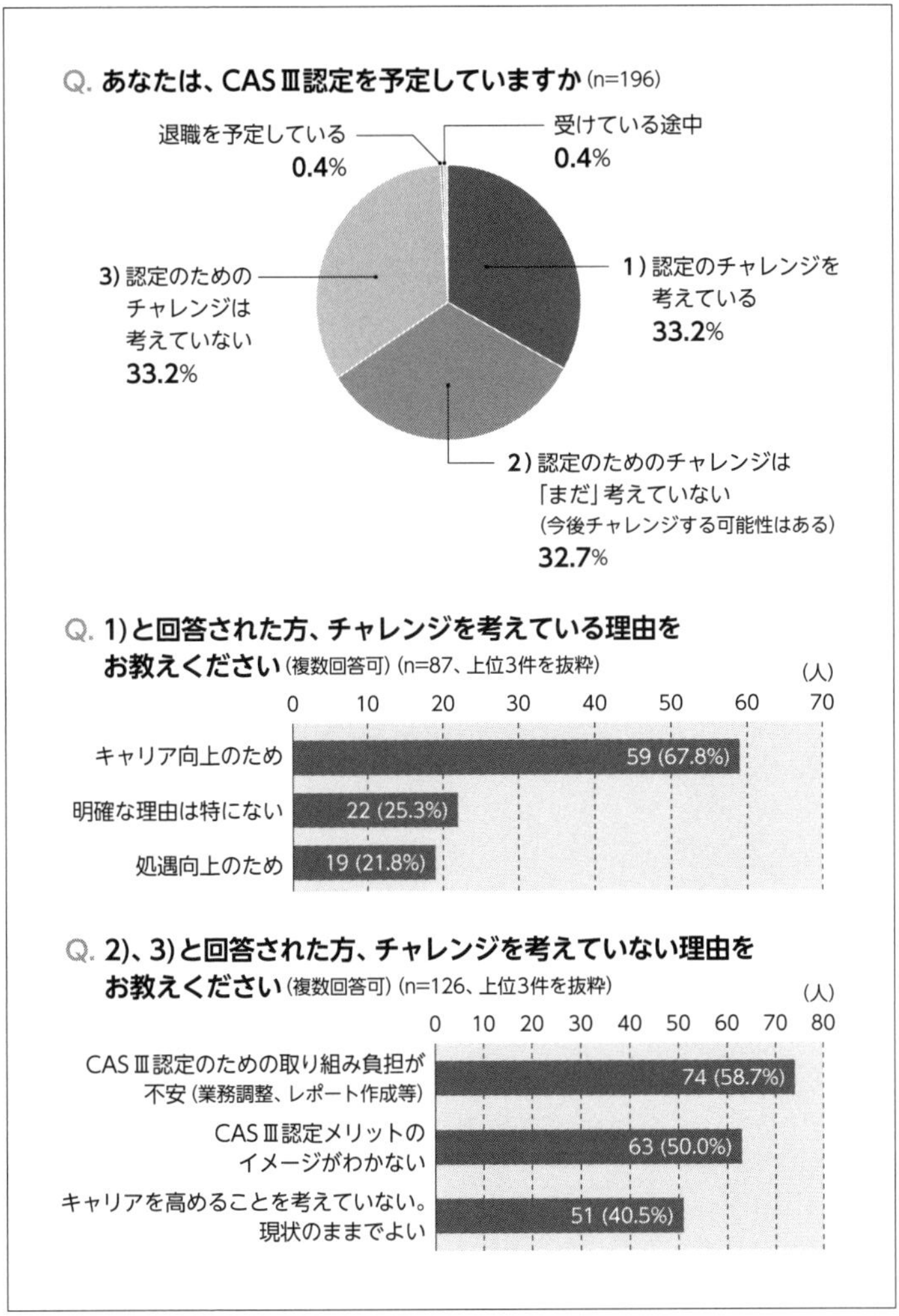

多くの病院と同様、亀田総合病院でも、大半の病棟でカルテ入力は一日の業務が終わった後に行っていました。看護管理部では好事例に学ぼうと他の病院を視察し、業務を標準化してデジタルツールを活用すれば看護観察・測定後のタイムリーな記録が可能だと目の当たりにしたそうです。そこで早速、看護業務の効率化のため「デジタルツールの導入」が検討されました。

当初、デジタルツールが活用されない最大の障害は、記録をとるタイミングと習慣だと考えられました。そこでデジタルツールを用いるための理想の一日の流れを「看護業務スケジュール」として作成。実現に向けた改善活動を実施するとともに、デジタルツールを展開するというストーリーが描かれました。

「いくつかの病棟では、多忙すぎて新しいことを受け入れられる状態ではありませんでした」

そう話すのは、**④改善活動の内製化**の成果責任者を担当した副看護部長です。

「病棟の業務は、患者の生活の流れ、医療提供、検査や処置など、さまざまな要素が複雑に絡み合って成り立っています。稼働率が高く、入退院や検査、手術出しといった業務が多い病棟では、看護師たちは日々の業務をこなすだけで精一杯の状態でした。特に業務が煩雑で疲弊している病棟では離職者が増え、それにより忙しさがさらに増すという負の連鎖が続いています。どんなに素晴らしい改善策でも、このような厳しい状況の現場ではかえって負担になってしまいます。現状を打開するため、まずは新たな施策を受け入れられる環境に整えることを目指し、1つの病棟に絞った改善活動を行うことにしました」

## モデル病棟で変化の礎を築く

モデル病棟で取り組まれた改善活動は、変化の礎となる運営の安定をテーマにしたものでした。3ヶ月という限られた時間の中で、師長、主任、そして担当の副看護部長たちが中核チームとなり、現場のフィードバックや協力を得ながら目を見張る成果を上げたのです。

これらの改善活動は、残業時間の削減と退職希望者の減少という大きな成果を上げると同時に、病床稼働率アップという副次的な効果も生みました。一方で、こうした改善活動を進めていく中で、それまでのやり方を変えることへの懸念から、改善活動を疑問視する声もベテラン勢から上がったといいます。「しかし、それは改善活動そのものへの反対ではなく、より良い方法を模索するための意見だと捉えました」と、担当副看護部長は振り返ります。

実際に病棟の師長や主任が現場スタッフに話を聞くと、経験豊富な看護師ならではのアイデアも多くあったと言います。そこで、改善の主要メンバーに彼ら・彼女らを巻き込み、主体的に取り組んでもらうことで、改善をさらにスピードアップさせました。

また、それぞれの取り組みの成果を病棟のラウンジに貼り出すなどして可視化し、改善へのモチベーションをアップ。さらにグループ内で、改善のアイデアや意見をメッセージアプリで発信し合うことで、全員で前に進んでいるんだという意識も強くなっていきました。

「現在は残業時間が大幅に短縮され、看護部全体の平均時間も落ち着いていま す。次はこの病棟で標準化したプロセスを他病棟へ水平展開させるステップへと進んでいます」とも担当副看護部長は語ります。

当初、業務効率化のためのデジタルツールを導入することから始まった取り組みでしたが、一歩引いてこのような現場運営の安定の改善活動から始めたことについて、幹部は次のように語ります。

図表32 ▶ 亀田総合病院で行われた改善活動の内製化

**原因分析**

①中断のない情報収集の時間を勤務開始後に確保できていない
②情報収集内容と申し送り内容が重複し、標準化されていない
③夜勤と日勤の交代時の業務ルールが明確でない
④午前業務が煩雑化しており、スタッフ、PSA（看護補助者）の皆が忙しく、頼める人がいない（助けを求められない）
⑤ナースコール、検査の連絡電話、検査出しの中断が多く、タイムリーに対応できない
⑥リーダーが医師の指示受けに追われ、ベッドサイドへ行けない
⑦動線が長く、ムダが多い
⑧記録がタイムリーにできない

**改善アイデア**
メンバーで担当を決めて皆で改善に取り組む

**1. 午前業務の整理**
・始業開始後の情報収集時間の確保
・申し送り時間・内容の統一

**2. PSAとの協働**
・環境整備

**3. リーダー業務の見直し**
・医師オーダー

**4. 多職種との協働**

「どれだけ良い施策であっても、受け入れ態勢が整っていない現場に持ち掛けたところで何も進まないということはわかっていたのですが、それを現場の師長任せにしていたところがありました。今この病棟では3ヶ月前には予想もつかなかったほど運営は安定し、スタッフは活気を取り戻しています。この活動が成功したのは、リーダーシップを発揮し、心理的安全性を担保したうえで現場の意見を吸い上げてくれた師長と主任のおかげだと思っています。理想のスケジュールにも着実に近づいています」

このプロジェクトをきっかけに、現在、担当の副看護部長が現場ラウンドを通して担当エリアの病棟ごとの「前提となる施策受け入れ準備度」を確認しています。そして、各病棟の状況に合わせて、担当副看護部長が展開計画を立て、必要に応じて支援に入る体制が取られるようになりました。受け入れ準備度の確認は、病院が新しい施策を現場に下ろす際には重要な作業であり、「現場が疲弊しない改善活動」のために重要な支援体制を整備することにもなります。

多くの病院でテクノロジーの導入が難航する理由はここにあるのではないでしょうか。看護部全体への施策の水平展開を再現性を持たせて進めるためには、

## 図表33 ▶ 亀田総合病院における改善活動内製化の成果

**前残業時間**（平均）

| 勤務 | 改善前（2023年8月） | 改善後（2024年3月） |
|---|---|---|
| 日勤 | 56分 | 11分 |
| 夜勤 | 1時間35分 | 44分 |

**日勤45分短縮**　日勤前残業の推移（打刻時間より）

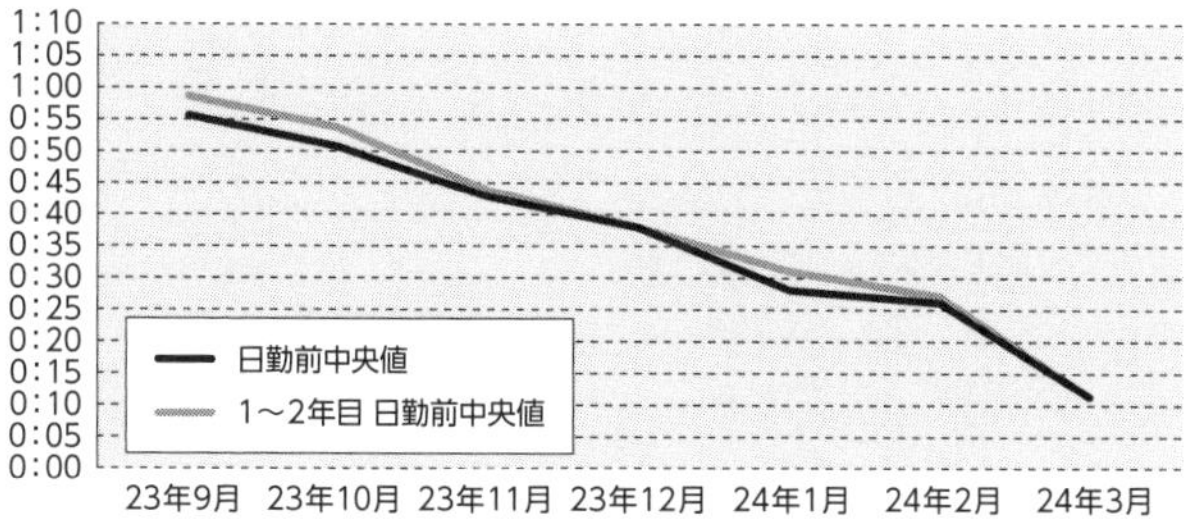


**夜勤51分短縮**　夜勤前残業の推移（打刻時間より）

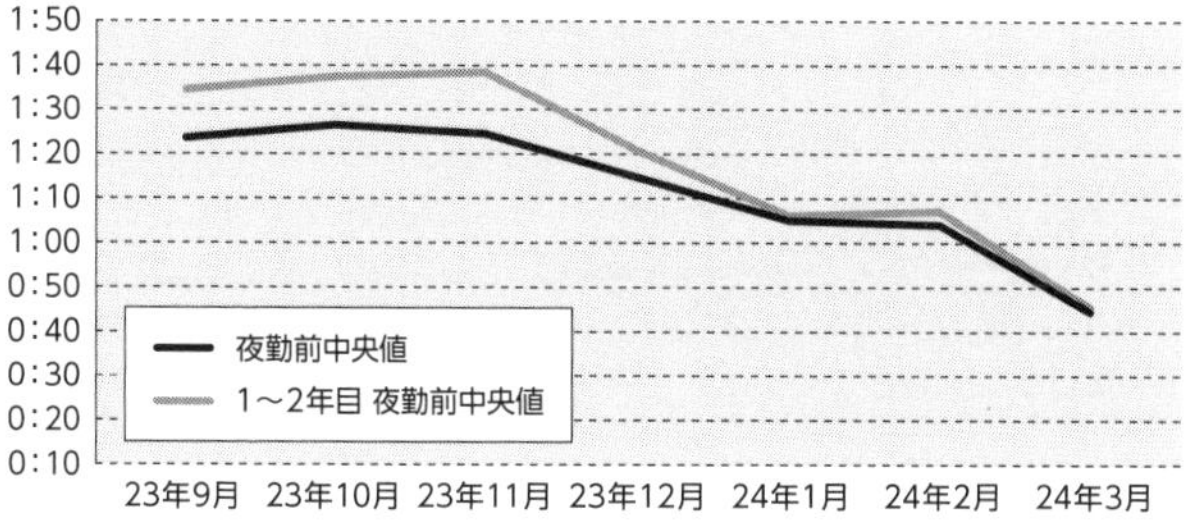

**④改善活動の内製化**と水平展開を支援するための組織体制を整えることが、成功への「急がば回れ」だと思います。

## リーダー育成で自走する看護組織へ

新幹線型の組織の鍵は現場管理者、つまり師長たちです。その師長たちがそれぞれの現場で日々の運営の安定を管理し、問題解決ができることで自律型組織の基盤ができ上がり、やがて組織は自走するようになります。

亀田総合病院で最後に取り組んだのが、そのような理想の病棟をつくることをテーマに、2名の副看護部長が担当者となり、4つの病棟の師長・主任を対象とした**⑤リーダーシップ開発のプロジェクト**でした。

このプロジェクトの特徴は、単なるリーダーシップ教育ではなく、現場で実際に使えるスキルや関係性構築を実践から学ぶことにあります。

参加者は管理者としての役割、問題解決の手法、報告・連絡・相談などを含む管理の手法、メンバーとの関わり方などの講義を受けます。その後、自病棟で実際に抱えている問題をテーマに改善企画をし、ＰＤＣＡを回していきます。つまり、リーダー育成の演習として改善活動を実践するという形でスキルアップを行っていくことにしたのです。

これに対してリーンコンサルタントは、講師としてだけでなく、プロジェクトの内容やリーダーシップスタイルについてのコーチングなどを通して師長たちと関わっていきます。しかしそれ以上に重要なのが、師長たちを指導する副看護部長を支援することでした。

リーダーシップ開発プロジェクトの参加者たちは、病棟の現状に沿った課題を改善企画書に落とすところから始め、主任とチームを組んで座学で学んだことを実践しながら問題解決に挑戦します。それぞれが改善テーマに取り組みましたが、一貫して求められたことは、次に示す理想の病棟運営を目指すことでした。

**プロジェクト達成目標**

1．現場の課題に対して、現場スタッフが解決に向けて参加できる病棟
2．スタッフが定着し、生き生きと働くことができる病棟
3．管理者（師長・主任）が他職種とスムーズに連携し、日常を管理できる病棟

**病棟ごとの改善テーマ**

・2年目教育プログラムの改善
・日勤の円滑な業務スタートと夜勤の時間通りの業務終了
・情報収集と申し送りの業務を標準化
・現場看護師の能力を底上げ／主体性の強化

このプロジェクトは、担当副看護部長や病棟師長・主任に多くの気づきをもたらしたといいます。特にＰＤＣＡサイクルの運用について、計画（Ｐ）を立てて実行（Ｄ）までは進められるものの、その後の確認（Ｃ）と是正（Ａ）の部分が不十分であることが課題として浮かび上がりました。

担当副看護部長は次のように振り返ります。

「重要なのは、リーダー教育で知識を与えることだけでも、改善活動そのものに満足することでもないのだと思います。このような問題解決を習慣化して日々の業務に組み込むことや、現場から新たな改善行動を出せるような環境にすることです。それを実現するには、現場が本当に痛みを感じている課題を取り扱うこと、副看護部長などの幹部も進捗状況を確認し、アドバイスするという形でサポートし、皆で成果を出すこと、現場スタッフが主体的に意見を言える環境づくりができるかにかかっているのだと思いました」

## プロジェクトの相乗効果で「改善活動」に変化が

リーダーたちの成長について、別の副看護部長はこう語ります。

「現場に改善の意識が浸透してきたと感じています。病院全体として改善に取り組む姿勢は以前からありましたが、それを具体的に現場に落とし込むことで、現場のスタッフが『改善をするとメリットがある』と実感できたことが大きいと思います。今ではスタッフから師長に『次はこんな改善をしてみては?』という提案が上がるようになっています」

例えば、電気使用量削減を目指すアイデアが出され、Ｔｅａｍｓのグループチャットを活用して病棟全体で取り組むなど、小さな改善活動が現場で実現するようになっています。

「改善活動を自発的に進めた病棟では、『働きやすくなった』『患者さんと関わる時間が増えた』という声が上がり、これが他の病棟にも少しずつ波及しています。水平展開を予定している病棟も意欲を示しているのは心強いですね」

別の担当副看護部長は次のようにも話します。

「改善活動は、計画を立てたり、責任を持ったりと、現場にとって負担になる面もあります。そのため、現場が積極的になれるか懸念していましたが、複数の病棟で改善活動のリーダーに立候補するスタッフが出てきたのは大きな前進です」

看護管理部と現場の師長・主任が連携し、リーダー育成プロジェクトに取り組んだ結果、副看護部長が師長や主任とともにＰＤＣＡサイクルを進めることで、現場の改善活動の質が大きく向上しました。これは、最初に行った看護管理部のビジョンセッションで示されたアクションである「現地に行く」という行動があったからこそだと、私たちは考えています。現場への理解を深めることで、互いの協力が大きな成果を生み出しています。

## 今後の課題は「時間の捻出」

2022年の秋にスタートした亀田総合病院の改善活動。標準化されたプロセスの水平展開という課題も残りますが、プロジェクトを担った看護部長と副看護部長に約2年の改善活動を振り返り、苦労した点を話してもらいました。

「意欲のある副看護部長たちに恵まれているので、大変と感じることはありませんでした。それよりも、正しい方法でコミュニケーションすれば、50人以上の師長にも真意はきちんと伝わる。それがわかった時点で、その後の不安が払拭されました」

「会議のテーマを決める際、師長たちの間で問題の優先順位が違うので、そのずれにどう対処するのかには頭を悩ませています。しかし看護の質を高めるというゴールは全員一致しているので、本音でぶつかったり歩み寄ったりを繰り返していくしかありません。軌道に乗せるまでは必要な時間だし、これも私の職務と考えています」

「インセンティブ制度構築の担当だったので、現場との関わりなどの苦労はありませんが、アンケートの実施や資料作成にあたり、時間が足りないというのが課題です。しかし賃金を上げるという目標が非常に具体的だったので、そこに向かって全力で取り組めたと感じています」

「改善の内製化は、医師や他職種のたくさんの協力もあって成果を出すことができました。他病棟でも水平展開に意欲的です。しかし病棟によって業務が異なるので、そのまま水平展開するのは難しい。言葉や文字で伝えることの限界もあります。引き続き時間をかけて他職種との連携や調整を図りながら進めていく必要があります」

「現場ラウンドで師長や主任と話す時間が増えました。そこで看護管理部が日頃考えていることが実はきちんと伝わっていなかったり、現場が求めていることを看護管理部が理解できていなかったりすることに気づけたのは大きな収穫です。一方で、そのための時間の捻出には苦労しました。通常業務に加えて突発的なことも起こります。その中で改善活動を継続していくのはなかなか難しいのも事実です」

このChapterで紹介した亀田総合病院のケースからわかるように、変革のステージ2、3では、組織内の管理体制や役割、能力といった仕組みをつくることで、継続的に変化し続けることができる環境を整えます。ここでは、現場の問題解決だけでなく、組織の戦略の実行にも改善活動を取り入れ、PDCAサイクルを回すことが可能になり、組織と現場の連動を担保していきます。現場改善のステージと違い、ここにおける中核的な役割は看護管理部などの幹部が担うことが重要です。

## 図表34 ▶ 変革ロードマップ「ステージ2、3」のまとめ

亀田総合病院の自走できる組織づくりの取り組みは、組織変革のロードマップの中ではステージ2、3に当たります。これをコッターの8つのアクセラレーターに当てはめてみると、以下のようになります。

変革の対象：看護部全体（組織）、看護管理室、現場リーダー

| | |
|---|---|
| ①危機感を生み出す | **組織課題への挑戦**：現場での個別問題解決をするだけでなく、経営や次世代にインパクトのある改善への挑戦（方針の展開）。 |
| ②変革主導チームを築く | **変われる組織を目指すための中核**：変革の推進者コアチームとして、看護管理室メンバー（幹部）。 |
| ③戦略ビジョンと変革施策を策定する | **ビジョン**：「亀田看護モデル2.0」というビジョンの実現。<br>**複合的施策**：問題解決ではなく、ビジョンの実現までの道のりを支える体制づくりのための連動する5つの取り組み計画。 |
| ④ボランティアの数を増やす | **現場管理者の巻き込み**：ビジョンの実現のために、副看護部長たちが役割分担をした。変革という共通の目的のもと、各自が自分のプロジェクトの成果責任者となり、積極的に現場の実行責任者（現場管理者）の支援を行った。 |
| ⑤障害を取り除き、行動を可能にする | **現地現物**：副看護部長たちが自分が受け持つ現場へラウンドに行き、現場との距離が近くなることで、問題の対応にタイムリーに当たれるようになった。また、現場との距離が縮まったことにより、師長レベルからの相談、協力が増加した。 |
| ⑥短期的な成功を生み出す | **現場管理者たちの時間の使い方の変化**：師長会が短くなった。<br>**変化を起こす仕組み内製化**：改善活動、現場管理者の問題解決のためのスキル向上、院内での知識・情報の集積ができてきた。 |
| ⑦加速を維持する | **自走型組織の醸成**：成果の見える化や円滑なコミュニケーションが功を奏し、現場が主体的に改善活動を始めるようになった。副看護部長たちのラウンドのおかげで、問題が先取り管理できるようになり、実行の徹底ができない病棟に手を差し伸べられるようにもなった。看護管理部内でのコミュニケーションが変わった。 |
| ⑧変革を組織内に定着させる | **幹部の時間の使い方の変化**：看護管理室のリーダーとしての役割に共通認識を持てた。コミュニケーションが変わったことで、関わりの質が変わった。PDCAの「CA」を着実に回すために幹部が時間を使うようになった。 |

# Chapter 6

# 変革の先に描く「未来」

予想が困難な現代の病院経営においてさまざまな課題を解決するためには、自ら解決策や新しい価値をつくり出していく必要が生まれてきています。身近なところでは、政府の旗振りのもとに進んでいる近年の医療DX、医師の働き方改革の流れが挙げられます。これらの影響は、これまでの病院の運営を支える考え方や運営の仕方を覆すものであり、医療現場は否が応でも受け入れるしかないような状況に立たされています。現状をより良くしていく改善活動に加えて、新しい考え方や技術を取り入れ、未来につなぐ価値を生み出せるかどうかは、今後の病院存続に関わっているといっても過言ではありません。

Chapter6では、そうした改善の先にある未来の姿を「第4ステージ」として、組織の中でイノベーション※を創造する事例を通して解説していきます。

## Case 5 看護現場でもDXはできる――飯塚病院

福岡県飯塚市の飯塚病院はTQM活動（改善活動）で全国的に名の知れた病院で、その歴史は105年以上になります。長年かけて培われた現場参加型の改善文化と変化し続ける組織の仕組みは、飯塚病院においてさまざまな新しい価値を生み出す土壌をつくり上げています。

新しい技術やシステムやテクノロジーを取り入れ、イノベーションを生み出してきた病院の多くには、プロジェクトを率いるチェンジエージェントの存在があります。さらに、時間や人などのリソース投下で実現を支える幹部の存在があります。飯塚病院における改善も例に漏れず、1人のチェンジエージェント、そして彼を支える幹部が導いたものでした。

飯塚病院におけるチェンジエージェントは、さまざまな看護現場の改善活動をテクノロジーで下支えしている看護部DX推進担当の上川重昭氏です。飯塚病院に看護師として入職して25年、精神科病棟、ICU、内科病棟に勤務し、看護主任、師長を経験してきました。そんな彼に白羽の矢が立ったのは2021年だったと言います。

※……イノベーションとはモノや仕組み、サービス、組織、ビジネスモデルなど新しい考え方や技術を取り入れて新しい価値を生み出し、社会にインパクトのある革新や変革をもたらすことを意味する。

「君、看護部で何か新しいことをやってくれないか？」

ある日、飯塚病院を運営している株式会社麻生の会長に呼ばれて会議室に行くと、開口一番にこう言われました。業界を超えたＤＸの動きを踏まえ、「これからはＩＴを活用して業務を変えないといけない」と危機感を感じていた会長は、病院の変革について看護部長に相談していました。それを受けた看護部長は、看護師の中でデジタルスキルに長けていた上川氏を会長に紹介したのです。

会長にそう言われた上川氏は、初め一人ではなにもできないと思い、自分の力では難しいことを伝えました。すると、会長はすぐに看護部長を呼び寄せ、同じように「看護部で何か新しいことをやってほしい。今やっておかないと3年後に大変なことになる」と言いました。それを受けた看護部長は上川氏をＤＸ担当者として任命したのです。

「それまでは全くシステムやテクノロジーに興味がなかったのですが、新しいことへのチャレンジが面白そうだと思ったので、やってみようと思いました」（上川氏）

## 身近で簡単なところから現場を支える

上川氏がチャレンジしてきたのは、看護部に特化したＤＸです。

「政府主導の医療ＤＸとは違い、看護ＤＸには一般的な定義がありませんが、2つの軸があると考えています。1つはｉＰｈｏｎｅなどのデジタルツールを導入し、ＡＩ問診やオンライン診療など直接業務に関わるＤＸで、患者ケアの質を上げること。もう1つは、記録業務に代表される間接業務に関わるＤＸで、現場の負荷を減らすことで患者ケアの時間を確保できることです」

直接業務に関わるＤＸはツールの導入が前提で、それなりの予算と時間が必要となります。しかし間接業務に関わるＤＸは、工夫次第でお金をかけずにスピーディに進めることができます。上川氏は、そこに着目したのです。

情報システム室のオフィスに、一人机を並べてスタートした看護ＤＸ活動。就任当初からチラシやスライド、動画の制作や看護部のホームページ制作といったメディア制作、現場からの相談ごとや応援要請に対応するサポート業務、ベンダーと協力して行う新ツール開発、新ツール導入の検討など。自分のできることからコツコツと手掛けた取り組みは、2年間で約400にものぼります。

上川氏が進めたDXには、看護部が抱える課題をクリアするための役割がありました。

「まず、メディア制作を自前でやればお金が節約できます。例えば、ホームページ制作。以前は外注で、300万円以上かけていました。そのうえ、更新のたびに新たな発注が必要になるため、時間もコストもかかります。これを自分たちでやれば、初期費用は5万円、ランニングコストはサーバーの管理費の年6600円だけ。更新したいタイミングで情報を届けられるので、タイムラグがなくなります」

加えて、上川氏が手掛ける「誰にでも理解しやすい説明スライド」は、勉強会や情報発信・共有の有用な手段となり、リクルーティングのための動画は応募を考える看護補助者たちのモチベーションアップにつながっていきます。こうして、看護部内にあったテクノロジーに対してのイメージが、少しずつ「身近で簡単なところから進めていけばいい」と変わっていったのです。

「そもそも看護部には、ツールを本格導入するのに十分な予算がありませんでした。それに当院の看護部はＩＴリテラシーがそれほど高くないと感じていたため、デジタルツールやシステムを導入しても負担が増えるのではないかと懸念したのです。デジタルへの苦手意識を持つ看護師が多く、多忙な業務をこなしながらスキルアップを図ることも困難でした」

予算がなく、ＩＴを使いこなす経験も少ないという、ないないづくしからのスタート。しかし上川氏は、このＤＸが浸透すれば、看護部を中心にテクノロジーが現場を支えることを実感できるようになる。そして、モチベーションを高めるきっかけになると捉えていました。

同時に、これから進む看護師不足に備えるための業務削減やタスクシフトにおいて、ＤＸが急務であるという危機意識も共有していきました。

## 変わることへの心理的負荷を軽減する

「やるべきことをやる」という地道な活動の一方で、看護部という大きな組織がＤＸに向かうには、「変わりましょう」と声を上げるだけでは不十分。マインドを変える仕掛けが必要になります。

「そもそも人は変化を嫌うものです。そこには心理的なスイッチングコストが存在するからだといわれています。新しいことを調べたり、勉強したり、得たものを手放したり、人間関係をリセットしたりという作業に負荷がかかるのです。まったく触れたことのないテクノロジーやデバイスを差し出されれば、好奇心よりも拒否反応が大きくなるでしょう。ですから、導入する前に情報を少しずつ提供して、これからやってくる変化がどんなものなのか、把握しておいてもらうのです」

例えば、上川氏はＬＩＮＥに看護ＤＸのオープンチャットを開設し、院内だけでなく、外へ向けての情報発信や情報交換を進めています。YouTubeにはパソコン初心者へ向けて、基本的なテクニックを紹介する数分の動画を定期的に配信しており、どれも職種を超えたバーチャルコミュニティーメンバーから好評だそうです。

「看護サマリーやメール、レポート、会議の議事録など、文章を書く機会の多い看護師にとって、ChatGPTに代表される生成ＡＩも強い味方になるはず」とも語ります。少しずつでも興味を持ち、知識をつけてもらう工夫で、導入の下地を整えているのです。

### 図表35 ▶ DXを推進する力

**① ラーニング力**
自ら学ぼうとする姿勢。
絶えず新しい知識やスキルを習得し、変化に対応できる力。

**② マネジメント力**
他人を動かし、組織全体を効果的にリードする力。
人々のモチベーションを引き出し、協力を得る力。

**③ アイデアや発想力**
新しいものを創造するための創造力。
既存の枠にとらわれず、革新的な価値を生み出す発想力。

**④ 情報収集力**
新しい情報をキャッチし、それを迅速に活用できる能力。
最新のトレンドや技術に敏感であること。

**⑤ 情報発信力**
周囲の人に情報を効果的に伝え、意識を変える力。
情報発信を通じて、組織全体の意識改革を促す。

**⑥ 抽象化する力**
本質を捉え、複雑な問題をシンプルに理解する力。
効果的な解決策を導き出すために重要。

**⑦ 観察力**
相手が何を求めているのかを理解し、適切に対応する力。
現場の実情やニーズを的確に捉える力。

提供：上川重昭氏

これからの看護師に求められる役割は、看護師としてクリニカルなことができるだけでは限界がある、と上川氏は考えます。これまでの職務学習にとどまらず、そこから一歩踏み込み、変化に適応するための必要なスキルや知識を習得するのは、今後の看護環境では必須になるというのです。

つまり、テクノロジーの活用を身近なものにしていく取り組みは、看護部のリスキリングなのだと言います。現場の看護師たちが高い価値を生み出し、やりたい看護に近づくためにも、テクノロジーの活用は欠かせない時代なのです。

## 「現場が楽になるか」を考え抜く

「DXで目指すべきは、人間の行動を変えること。行動、つまりテクノロジーの活用で、効率が上がり、生まれた時間で新しい価値を生み出して初めて、DXがイノベーションを起こしたといえるのだと思います」

こう話す上川氏は自身が在籍する情報システム室で、それを強く感じた一件があったと言います。看護部から情報システム室へ、「入院に必要な書類など看護師の業務チェックリストを紙からデジタルに変えたい」と要望があったこ

図表36 ▶ DXによる組織の変化

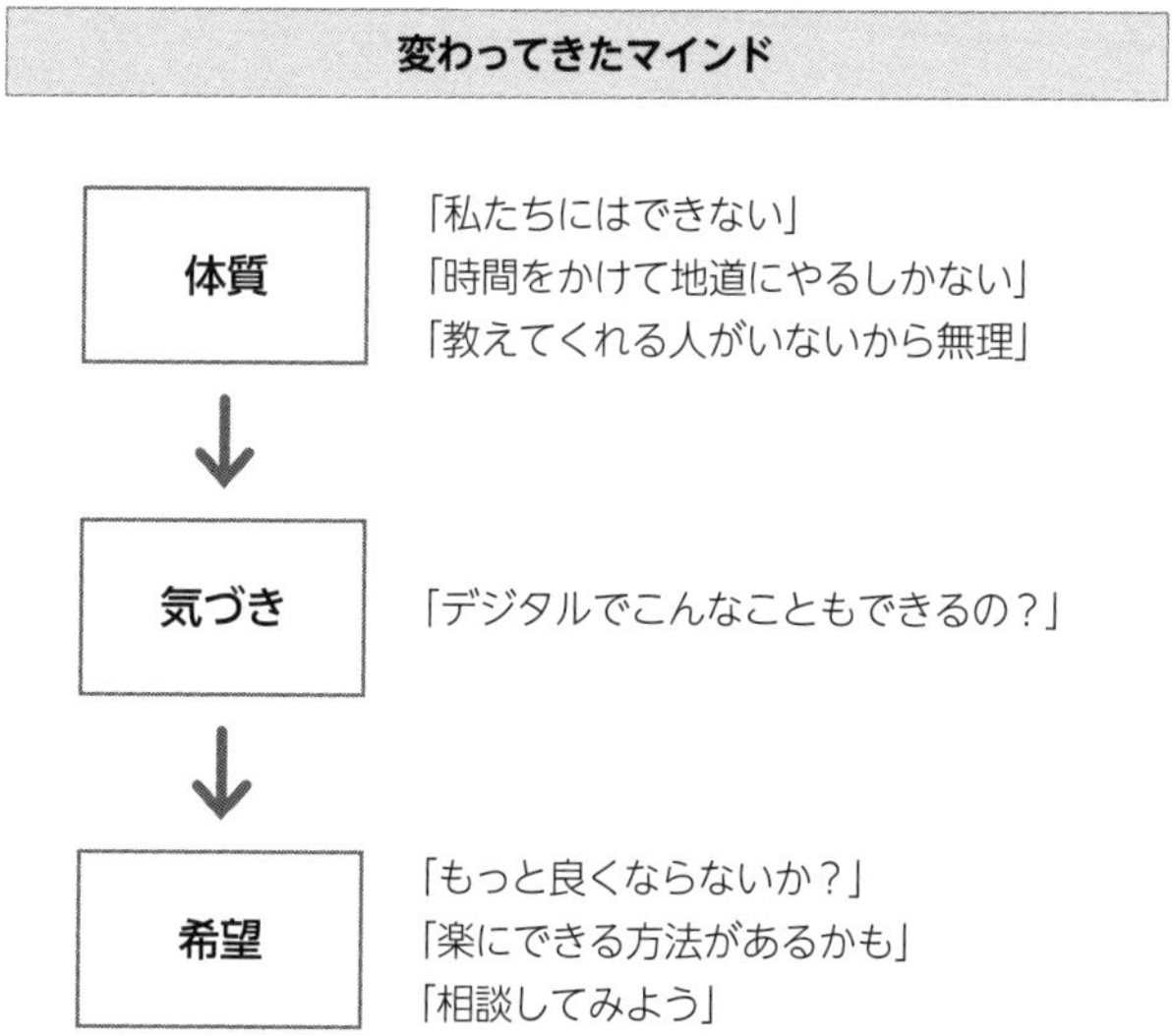


提供：上川重昭氏

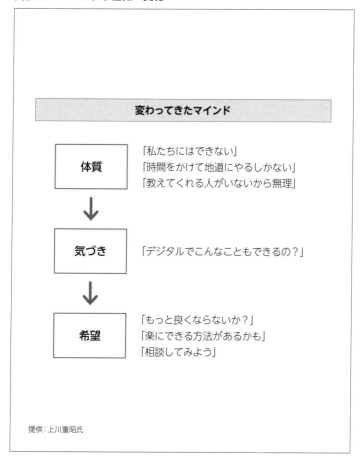

とです。

「紙で管理すると汚れやすいし、病棟の移動などで紛失するリスクがあるため、デジタル化したいという依頼でした。情報システム室の職員は看護部の要望のままに、紙で行っていた書類のチェックをそのままパソコン画面でできるようにしようとしたのです。チェックリストをそのままパソコン画面で確認するリストを導入してしまうと、チェックしようとするたびにパソコンにログインして画面を開いて、項目ごとにチェックしなければなりません。このやり方では、デジタル化したことでかえって余計な業務が増えてしまいます。これでは現場は幸せになりません」

業務のムダを省く改善も、看護ＤＸも、全てたどり着くゴールは一緒だと上川氏は話します。そのゴールとは、看護師が勉強して知識を増やし、すばらしい看護をすることではありません。現場が楽になり、幸せになること。そして患者に喜んでもらうこと。それがなければ、どんな改善も意味をなさないのです。

上川氏は新たな取り組みをするとき、必ず行っていることがあるそうです。「これで本当に現場が楽になるのか？」と問いかけること。それが本質の問題を見つける近道であり、解決方法が本当に目的達成につながっているか確認するために必要なステップだと言います。

「私は現場看護師の経験があるからこそ、その問いかけの中に答えを見つけることができるのだと思います。考えてみれば、現場経験のない人が本質的な問題を見つけられず、現場の要望と乖離した解決策を考えてしまうのは当然かもしれません」

## 変化への抵抗は、健康な組織の正常な反応

周到に準備をし、さまざまな工夫で変化を仕掛ける上川氏ですが、新たな取り組みに抵抗されることもあると言います。しかし、変化を起こすには「チームの対立・混乱期」というフェーズも必要。それが理想の組織に成長するための「タックマンモデル」という法則です。

「チームをつくって役割を決めたり、中心になる人が現れプロジェクトとして推進し始めたりする最初のフェーズの後には、必ず混乱期がやってきます。意見の食い違いや不和が生じるのです。けれども、このフェーズがなくてはチー

ムビルディングはなされないとされています。反対意見にしっかり向き合い、お互いの理解を深め、乗り越えることでつながりが強まり、チームとしての機能が高まる。俗に言うエース的な人材がいなくても、組織として成果が出せるようになっていきます。新しいことにチャレンジしたときに混乱期を迎えず、『はい、そうしましょう』と言う人ばかりの現場のほうが、後々行き詰まる可能性が高いといえます」

## チェンジエージェントは結果である

衝突を変化のチャンスと捉え、成長の糧にする。上川氏は、変革への火を灯すチェンジエージェントです。しかし、必ずしも彼のような存在が組織の中にいるとは限りません。

ではチェンジエージェントになってイノベーションを起こすにはどのような資質が必要なのでしょうか。

「チェンジエージェントというのは、あくまでも結果です。なりたいと思ってなるものではありません。自分ができることに向き合って、調べて勉強して、協力を仰いで、1つひとつ丁寧に解決していく。それを続けることがチェンジエージェントです。『多くの人を幸せにできるかどうか』をとことん突き詰めた先にあるというだけなのです」

続けて上川氏は、南米の先住民に伝わる『ハチドリのひとしずく』の話をしてくれました。


火の手があがる森から動物たちは我先にと逃げ出していきます。

そんな中、1羽の小さなハチドリがくちばしに水を汲んでは運び、燃える炎にかけています。動物たちは口々に「そんなことをしてもムダだよ」と声をかけます。

しかしハチドリはやめません。

「私は私にできることをしているだけ」

そう言って、水を運び続けます。

すると、ハチドリのことを冷めた目で見ていた動物たちも水を運ぶようになり、森の火を消すことに成功したのです。

「誰より優秀である必要も、強力である必要もありません。それよりも、自分のできることを地道に続ける。非常にシンプルな考え方ですが、課題を目の前に置いている現場の人の存在がなくては、どんなにチェンジエージェントだと言われても『できることをやる』ことさえできません。現場に近いところで現場が望むことを探し続ける。これが改善活動の全てであるし、この積み重ねでしかイノベーションは起こせないと思います」

飯塚病院の看護DXはまだ始まったばかりです。チェンジエージェントである上川氏をはじめ、それを支える看護部、そして幹部たちの挑戦はまだまだ続くと言います。

「私の次の挑戦は、現在1人のチェンジエージェントによって牽引されているこの取り組みを、どのように継続するか、ということです。人を育成し、仕組み化し再現性を担保することで、本当の意味でイノベーションが生まれる土壌になると考えています」

新しい考え方や技術を取り入れ、価値を生み出せるかどうかは、看護部の存続に大きく関わってくるでしょう。しかし、必要な変化に対して、抵抗を避け、変革を諦めた現場では、「自分たちに組織を変える力はない」と思っていないでしょうか。

上川氏によれば、現場で患者に多く関わっている看護師だからこそ、変革を成し遂げることができます。飯塚病院の取り組みは、マインドセットを変えて、小さな改善へのチャレンジを重ねる行動そのものが変革の第一歩であることを教えてくれました。そして、そこに火をつけ、変化を推進するチェンジエージェントの存在の活躍が欠かせないことを実感していただけたと思います。

飯塚病院のケースで見た変革のステージ4は、「チェンジエージェントたちの存在とその活動をどのように進めていくか?」が鍵となります。また、イノベーションが現場の改善活動の延長線上にありつつも、問題解決ではなく新しい価値の創造を目的としているため、組織内だけでなく広く外部、異業種、新しいコンセプトなどとの関わりを広げることも重要なポイントになります。

## 図表37 ▶ 変革ロードマップ「ステージ4」のまとめ

飯塚病院の取り組みは組織変革のロードマップの中ではステージ4に当たり、組織改善の先に「イノベーション」を達成していくステージです。これをコッターの8つのアクセラレーターに当てはめてみると、以下のようになります。

変革の対象：看護部・病院組織、幹部、リーダー、チェンジエージェント

| | |
|---|---|
| ①危機感を生み出す | 看護DXの必要性、看護DXを推進するメリットを周知する。**外圧：**外からくるイノベーションのネタや、大きな危機感への気づきとアクション。 |
| ②変革主導チームを築く | 看護DXの課題を明確にし、ホームページや動画の作成など、具体的な活動をスタート。**チェンジエージェント：**プロジェクトとして進めるための核になる人と、それを長期的に支えるリーダーの存在。 |
| ③戦略ビジョンと変革施策を策定する | 看護DXの課題を明確にし、ホームページや動画の作成など、具体的な活動をスタート。**取り組みと現場の課題との整合性：**手元から始めることで、広げる土壌を整える。「喜ばれる」という視点の大切さ。 |
| ④ボランティアの数を増やす | 看護DXの情報を提示、リスキリングにつなげることで看護師のやる気を高める。**発信：**取り組みに対するファンを増やす（擁護者を増やす）。伝わる言葉で伝える努力をする。 |
| ⑤障害を取り除き、行動を可能にする | デジタル化の案件ごとに対応し、現場にある困りごとを取り除いていく。**取り組み継続のためのサポート：**新しいものへの現場の心理的ハードルを下げるための組織的な協力、リーダーによる支援（リソースの担保や組織としてのメッセージ）。 |
| ⑥短期的な成功を生み出す | 少しずつパソコンスキルを習得し成長が実感できるよう、YouTubeでスキルアップのための動画配信を行う。手軽に、日常にテクノロジーを取り入れる仕組みを設ける。 |
| ⑦加速を維持する | 仲間を増やす。DX推進とリスキリングをつなげることで、相乗効果を生み出す。 |
| ⑧変革を組織内に定着させる | 困りごとに対して改善を積み重ね、成果を実感できることで、イノベーションは現場から起こすのが当たり前という文化が醸成される。次世代チェンジエージェントの発掘と育成を行う。 |

Column

# 〝米国病院〟の挑戦が時代を動かした

私が初めてリーンマネジメントに出合ったのは２００４年、シアトルのバージニアメイソンメディカルセンターに勤務していた頃のことです。４５０人のドクターを有する中堅の総合病院で、シアトル周辺に８つのサテライトクリニックを構える同院は、１９９０年代から蔓延していたアメリカの医療経営・運営難を乗り越えるべく苦戦していました。

当時、病院の経営を立て直すために、病院幹部が選んだ道はトヨタ生産方式を礎としたリーンマネジメントシステム。多くの医療者たちは「患者は車ではないんだ」と驚き、その決定に対して懐疑的でした。しかし、その新しいマネジメント手法は病院にこれまでとは違う成果と自信を生み出し、まもなく反対していた医療従事者たちまでがどんどん改善活動に巻き込まれていったのです。病院幹部たちの仕掛けた挑戦の渦の中で、人々のリーンへの熱量が高まっていく様子を目の当たりにし、感動で心が震えたことを今でもはっきりと思い出します。

## バージニアメイソンで見た「愛と勇気とPDCA」

同院の組織改革で特に印象的だったのは、私が勤務し始めて間もなく医療従事者全員にインフルエンザワクチンの接種を義務づけたことです。日本では医療従事者のワクチン接種は当然のことと思われるかもしれません。ですが院内感染などのリスクから長年、接種が推奨されてきたにもかかわらず、当時、同院における医療従事者のインフルエンザワクチンの接種率は約44%と低迷していました。全体より個人を、同調より個人の選択を重んじる米国では、何事においても義務化への抵抗は大変に大きく、ワクチン接種も労働組合を巻き込む「触れてはいけない事情」の1つでした。しかしリーンの「患者価値の向上」を掲げる同院では、異例の義務化に踏み切り、2005〜2006年のワクチン接種率は97・68%に上昇。この新しいムーブメントに声を上げたのは、患者にもっとも近い存在である現場で働く看護師たちだったのです。

看護師がワクチン接種の義務化へ動いた一番の理由は、医療従事者から患者に感染させるリスクを軽減させたいというものでした。現場の看護師たちが、病と闘う患者を第1に考えてスタートさせた取り組みが、管理部門や医師たちを巻き込みながら、組織全体を動かしていきました。さらに、このような患者価値が定着した組織では、人々は自分のミスを隠したりごまかしたりしなくなり、個人は自由意志の中でルールを守るようになりました。それまでは対立しがちだった個人間に「患者価値を上げるために」という合意のきっかけが生まれ、対話ができる組織になることで、自然と医療の質もあがっていったのです。こうやって1つの変化が次の変化を生み、新たなチャレンジが前に進む。これがまさにリーンがもたらす変化なのだと思っています。

無謀に思えた同院の挑戦は見事成功をおさめ、今では世界中の病院からそのリーンマネジメントの手法と考え方を学びたい人たちが訪れる場所となりました。今振り返って「あの挑戦を成功へ導いたのは、何だったのだろう」と問いかけてみると、答えは「人」に尽きると思います。患者や自分自身、一緒に働く仲間・仕事・未来に対して熱い思いを持って人たちが声を上げた「愛と勇気」であり、紆余曲折しつつも先に進むことを支えた「PDCA」の力だったと思うのです。正しいマインドと行動力を持った人の手に、正しい手法、リーンがあることで、時代が動いたのではないでしょうか。

株式会社日本経営　業務プロセス改善コンサルティング部　**工藤美和**

# おわりに

本書を最後までお読みいただき、心より感謝申し上げます。

## 看護部が変われば、病院全体が変わる。

看護部は、病院の中でもっとも大きな組織であり、患者さんと接する時間が長いことから、病院全体の機能や文化に与える影響は計り知れません。しかし、その重要性が認識されながらも、従来の方法論やアプローチでは、現場の課題解決が追いつかない場面が増えてきました。新しい時代の課題に応えるためには、従来の延長線上ではなく、新しい発想やアプローチが必要です。私たちはその新しい解決策を「リーン」の考え方に見出しました。

リーンとは、無駄を徹底的に排除し、価値を最大化するための手法です。この考え方は、もともと製造業で生まれました。具体的には、トヨタ生産方式を代表とするプロセス改善の哲学に由来し、効率的な生産体制を整えるために体系化されました。

リーンの特徴は、プロセスを構成する全ての要素において、「何が価値を生み出しているのか」「何が無駄を増やしているのか」を徹底的に見極めるという点にあります。そのため、この考え方は、医療現場にも非常に有効であると私たちは考えています。

私たちは、そのリーンをさらに、我が国の医療業界でも効果が出せるようNKリーンとして改良しました。

医療現場には、多くの複雑な業務やタスクが存在します。患者さんへのケアはもちろんのこと、医師や看護師、事務スタッフといった多職種の連携、薬剤や器材の管理、診療記録の記載、患者移送の調整など、多岐にわたる作業が日常的に行われています。これらの業務は、それぞれに重要な意味を持っていますが、複雑に絡み合う中で、しばしば「ムダ」が生じています。ムダを発見し、取り除くことがリーンの役割です。医療現場では、こうしたムダの排除を通じて、スタッフ一人ひとりの負担を軽減することが可能になります。その結果として、患者さんへのケアに充てる時間が増え、ケアの質が向上します。

リーンのアプローチは単なる効率化にとどまりません。医療現場における

「価値」とは、患者さんが受け取る医療サービスの質や体験そのものを指します。そのため、リーンの実践は、患者さんが安心して治療を受けられる環境を整えることにもつながります。例えば、患者さんが診療や検査を受ける際に待機時間を短縮し、スムーズな流れで医療サービスを提供することで、満足度が向上するだけでなく、医療安全の向上にも寄与します。

とりわけ看護部では「隙間業務」と呼ばれる、誰かが担わなければならないものの、明確な担当が存在しない業務が多く見られます。これらの業務が、看護師に大きな負担を強いているケースが多いことを、私たちはよく見てきました。リーンの手法を活用することで、これらの業務の見直しや再編成が可能となり、看護師が本来注力すべきケア業務に集中できる環境を作り出すことができます。

本書で紹介した亀田総合病院と飯塚病院は、リーンのアプローチを看護部に導入し、現場での課題に正面から向き合いながら持続的な改善を実現されました。例えば、亀田総合病院では、患者さんへのケアの流れを徹底的に見直し、スタッフ間の連携を強化することで、業務効率化とケアの質の向上を同時に実現しました。また、飯塚病院では、看護部の業務再編に取り組む中で、部門全体のコミュニケーションを円滑化し、現場スタッフのモチベーションを大きく向上させることに成功しました。

亀田総合病院と飯塚病院のご協力により、本書には実践的で説得力のある事例を数多く盛り込むことができました。これらの事例は、今後、医療機関の皆様が改善に取り組む際の参考になると確信しています。

さらに、現場で実際に改善活動を進めてこられた看護師、管理者の皆様からいただいた貴重な意見やフィードバックは、本書をより現実に即したものにしました。そして、改善活動を推進する中で生まれた課題や発見をありのまま共有いただけたことで、本書の内容がより一層充実したものとなりました。

この場を借りて、本書の制作にご協力いただいた全ての方々に深い感謝を申し上げます。

看護部から始まる変革は、小さな一歩から始まります。しかし、その小さな一歩がやがて大きな波となり、組織全体、さらには医療業界全体に変革をもたらす可能性を秘めています。

改善には必ずしも大掛かりな投資や劇的な変化が必要ではありません。むしろ、現場で働く一人ひとりが小さな変化を積み重ねることが、組織全体の変革を実現する鍵となります。改善は決して一朝一夕で成し遂げられるものではありません。それでも、現場での小さな行動の積み重ねが、組織を大きく変え、病院全体をより良い未来へ導く力となります。

また、その一歩を踏み出すには障害がつきものです。新しい取り組みには、これまでのやり方に慣れた環境では抵抗が生じたり、変化に対する不安が広がったりすることがあります。その障害を乗り越えなければ、現場に根付く持続可能な改善は実現しません。変革の道のりは平坦ではありませんが、小さな改善が積み重なることで、大きな成果が生まれるのです。

私たちリーンコンサルタントは、現場のスタッフ一人ひとりが改善の主体となるべく、具体的で実行可能な手法を提供し続けてきました。今回の書籍では、これらの知見を余すところなく詰め込み、病院で取り組める実践的な改善手法を紹介しています。

本書を通じて、今まさに「改善したいけれどどうしたらよいかわからない」「一歩を踏み出す勇気が持てない」と悩む皆様の背中を押したいと願っています。本書で紹介する手法や事例が、皆様の現場で起こる具体的な課題に対するヒントや、改善を進める際の道しるべとなることを願ってやみません。

最後に、この書籍を手に取っていただいた皆様に、改めて感謝を申し上げます。本書が現場改善の一助となり、困難を乗り越えるための勇気を提供できるものであれば、これ以上の喜びはありません。私たちはこれからも、看護部を中心に、医療現場が持続可能で活力ある未来に進むためのお手伝いをしてまいります。

株式会社日本経営　業務プロセス改善コンサルティング部　コンサルタント一同

## 日本経営　業務プロセス改善コンサルティング部について

私たちリーンコンサルタントは、病院や介護施設の業務プロセス改善を支援することを目的に、リーンの普及と実践を行う専門家チームです。

| 氏名 | 所属 | 紹介 |
|---|---|---|
| 兄井　利昌 | 業務プロセス改善コンサルティング部<br>部長<br>米国認定リーンコンサルタント | 業務改善・働き方改革・医師人事制度構築などに精通。徹底した現場主義と、個々に寄り添うフレキシブルな対応力で、多くのファン顧客を抱える。 |
| 工藤　美和 | 業務プロセス改善コンサルティング部<br>副参与<br>医療経営学修士（MHA）<br>米国認定リーンコンサルタント | 2000年に渡米し、リーンマネジメントを習得。北米・日本での実績多数。仕事の原動力は「医療従事者がやりがいを感じる環境作り」への情熱。 |
| 和久井　彰 | 業務プロセス改善コンサルティング部<br>チームリーダー<br>米国リーン認定コンサルタント | 計画策定・実行支援に関する豊富なノウハウを味方に、現場の可能性を丁寧に引き出す。 |
| 外池　薫子 | 業務プロセス改善コンサルティング部<br>チームリーダー<br>米国リーン認定コンサルタント | 現場の答えを一緒に見つける「伴走型」コンサルタント。人事制度構築・人材教育の知見も豊富。 |
| 池上　瑞樹 | 業務プロセス改善コンサルティング部<br>看護師<br>米国リーン認定コンサルタント | 病院での看護師経験に基づく、かゆい所に手が届くサポートが持ち味。「現場感覚をフルに活かす」が信条。 |
| 越智　悠介 | 業務プロセス改善コンサルティング部<br>看護師<br>米国リーン認定コンサルタント | 看護部門の業務改善に関する深い理解と実証された手法を用いたコンサルティングを提供。 |
| 郭　小嘉 | 業務プロセス改善コンサルティング部 | 外国籍である強みを活かして、新しい着眼点を踏まえたコンサルティングを提供。 |
| 森屋　早苗 | 業務プロセス改善コンサルティング部<br>主査 | 映像ディレクターとして活動する傍ら、日本経営　業務プロセスコンサルティング部ではマーケティングを担当。<br>今回の著書では、プロジェクトマネージャーとして執筆陣の調整や進行管理を担い、プロジェクトを円滑に推進。 |

リーンコンサルタントおよびスタッフ（2025年1月1日現在）

“看護部”から病院を変革する！
「チェンジマネジメント」の実現で
成果を出す手法

# LEAN Innovation

2025年2月17日　第1刷発行

著　者　株式会社日本経営
業務プロセス改善コンサルティング部
発行者　鈴木勝彦
発行所　株式会社プレジデント社
〒102-8641
東京都千代田区平河町2-16-1 平河町森タワー13階
https://www.president.co.jp/　https://presidentstore.jp/
電話　編集 03-3237-3733
販売 03-3237-3731
販　売　桂木栄一、高橋 徹、川井田美景、森田 巌、
末吉秀樹、庄司俊昭、大井重儀

装　丁　鈴木美里
組　版　清水絵理子
校　正　株式会社ヴェリタ
構　成　村山京子
制　作　関 結香
編　集　金久保 徹、浦野 喬、二宮帆南

印刷・製本　株式会社サンエー印刷

本書に掲載した画像の一部は、
Shutterstock.comのライセンス許諾により使用しています。


ISBN978-4-8334-5256-4
Printed in Japan
落丁・乱丁本はお取り替えいたします。